UN GIL BLAS
EN
CALIFORNIE

ALEXANDRE DUMAS.

2

PARIS
ALEXANDRE CADOT, ÉDITEUR,
37, RUE SERPENTE.
—
1852

UN GIL BLAS EN CALIFORNIE.

Ouvrages du Marquis de Foudras.

EN VENTE.

Diane et Vénus.	4 vol.
Madeleine Repentante (suite du Caprice).	4 vol.
Un Caprice de grande dame.	5 vol.
Un Capitaine de Beauvoisis.	4 vol.
Jacques de Brancion.	3 vol.
Les Gentilshommes chasseurs.	9 vol.
Les Viveurs d'autrefois.	4 vol.
Les Chevaliers du Lansquenet	10 vol.
Lord Algernon	4 vol.
Madame de Miremont	2 vol.
Lilia la Tyrolienne.	4 vol.
Tristan de Beauregard.	3 vol.
Suzanne d'Estoaville.	4 vol.
La comtesse Alvinzi	2 vol.
Le Capitaine La Curée.	4 vol.

Sous presse.

Le Chevalier d'Estagnol.
Un Drame en famille.

Ouvrages de A. de Gondrecourt.

EN VENTE.

La Tour de Dago	3 vol.
Le Bout de l'oreille.	7 vol.
Le Légataire.	2 vol.
Les Perles mignons	3 vol.
Médine.	2 vol.
La Marquise de Candeuil.	2 vol.
Un Ami diabolique	3 vol.
Les derniers Kerven.	2 vol.

Sous presse.

Mémoires d'un vieux Garçon
Aventures du Chevalier de Pampelonne.

Ouvrage d'Alexandre Dumas.

LA COMTESSE DE SALISBURY.

6 volumes in-8.

On vend séparément les derniers volumes pour compléter la première édition.

Imprimerie de E. Dépée, à Sceaux.

UN GIL BLAS

EN

CALIFORNIE

PAR

ALEXANDRE DUMAS.

2

PARIS
ALEXANDRE CADOT, ÉDITEUR,
37, RUE SERPENTE.

1852

I

Le feu à San-Francisco.

Quand je dis que nous espérions nous reposer deux ou trois jours, j'exagère même nos intentions; car en arrivant, comme nous ne comptions pas, l'état de nos finances s'y opposant, aller demeurer à l'hôtel, il nous fallut nous occuper immédiatement de refaire notre ancienne tente avec nos anciens draps.

C'était toujours au camp français que nous comptions élire notre domicile. Le camp français, comme l'indique son nom, était toujours le rendez-vous de nos compatriotes ; seulement depuis notre départ, au milieu des tentes primitives, avaient poussé, comme des champignons, une douzaine de maisons en bois, rendez-vous des blanchisseurs et des blanchisseuses.

En partant pour les mines, nous avions mis nos malles en pension chez un vieil Allemand qui, trop vieux pour se faire travailleur actif, s'était créé cette spécialité de se faire le gardien des effets des travailleurs.

Ce n'était pas, au reste, un mauvais métier qu'il avait inventé là. Il avait bâti une espèce de hangar et gardait les petites malles moyennant **deux piastres** par mois, les grosses moyennant quatre.

Cette industrie lui rapportait de 15 à 1,800 fr. par mois.

Nous avions dressé notre tente, nous y installions nos malles, quand nous commençâmes d'entendre crier au feu.

C'est chose commune, au reste, que le feu à San-Francisco, et il y a, outre la bâtisse en bois qui y est bien aussi pour quelque chose, une raison à cette fréquence des incendies.

Tout habitant de la Californie brûlé a payé ses dettes.

Même ses dettes de jeu.

Au reste, le feu, que ces cris nous signalaient, était un feu de première classe. Il avait pris entre Clay-Street et Sacramento-Street. C'était le quartier des négociants en vins et des marchands de bois.

Quand je dis des marchands de vins, je dois dire des marchands de vins et liqueurs.

Poussé par un vigoureux vent du nord, le feu marchait rapidement et nous offrait de la hauteur où nous le regardions se développer un magnifique spectacle : alcools et chantier, le feu le plus exigeant ne pouvait rien demander de mieux.

Aussi à chaque nouveau magasin de rhum, d'eau-de-vie ou d'esprit de vin que le feu gagnait, il redoublait d'intensité en même temps qu'il changeait de couleur. On eût dit une magnifique illumination avec des feux du Bengale, rouges, jaunes et bleus.

Ajoutez à ceci une habitude qu'ont prise les Américains dans les incendies : c'est de jeter des tonneaux de poudre au milieu du feu, sous prétexte que la maison s'abattant isolera le feu. La maison s'abat en effet, mais presque toujours ses débris enflammés roulent de l'autre côté de la rue et vont mettre le feu aux maisons situées en face, qui, bâties en bois et échauffées par le voisinage de l'incendie, prennent feu comme des allumettes.

Aujourd'hui, pour plus grande commodité, on a fait un pavé en bois, de sorte que lorsque le feu prend, il n'y a plus de raisons pour qu'il s'arrête ; puis, avec une intelligence remarquable, le feu prend toujours à marée basse, et comme la ville manque d'eau, même pour boire, le feu s'en donne à cœur joie, sans crainte aucune d'être dérangé dans ses ébats.

Mais à défaut d'eau, il y a, pour la satisfaction de ceux qui brûlent, un corps de pompiers parfaitement organisé qui, dès qu'on signale un feu, se précipitent avec des pompes superbes sur le théâtre de l'incendie. Il est vrai que les pompes sont vides, mais elles font du vent, et cela souffle toujours un peu le feu.

Nous sommes loin de dire que ces incendies sont causés par la malveillance. Mais il y a dans San-Francisco même tant d'intérêts intéressés à ce que San-Francisco brûle, que l'on peut bien concevoir quelque soupçon à cet endroit. Ainsi, par exemple, ce jour-là les marchands de vins et les marchands de bois brûlaient. Cet incendie ruinait ceux qui en étaient victimes, mais il enrichissait les marchands de bois et les marchands de vin du quartier opposé, sans compter les armateurs, propriétaires ou consignataires des navires qui attendent le déchargement et qui ont des pacotilles de marchandises analogues à celles qui brûlent.

Le lendemain de l'incendie, par exemple, le vin ordinaire avait monté, de cent francs la pièce, à six ou huit cents, ce qui est, comme on le voit, une assez belle hausse.

Nous nous rappelâmes alors que deux de nos amis, Gauthier et Mirandole, habitaient une maison voisine des quartiers qui brûlaient. Ils demeuraient dans

Carnay-Street et tenaient un entrepôt de consignation. Nous courûmes à leur aide et nous les trouvâmes déménageant.

Or, le déménagement en pareil cas est presque un incendie. D'abord, pour transporter les meubles ou les marchandises de la ville à la montagne, les conducteurs de voiture demandaient cent francs par voyage. Nous avons dit plus haut que les malades aimaient presque autant mourir que d'envoyer chercher le médecin. Ceux qui sont menacés d'un incendie aiment presque autant brûler que d'envoyer chercher des voitures de déménagement.

D'ailleurs, on est très obligeant à San-Francisco, trop obligeant même; chacun veut vous aider, chacun met la main à l'œuvre, et c'est étonnant comme un mobilier fond sous les mains qui le transportent.

Il est impossible de se figurer le bruit que font les Américains dans ce cas-là : ils vont, viennent, courent, crient, entrent dans les maisons, cassent, brisent et surtout se grisent.

Au reste, aussitôt une maison brûlée, chacun plonge un instrument quelconque dans ses cendres, et ce n'est pas aux mines que sont les chercheurs d'or les plus acharnés.

Il y avait au milieu du pâté de maisons qui brûlaient une maison en fer qui avait été amenée d'Angleterre, où elle avait été construite. On espérait que, grâce à la substance avec laquelle elle avait été fabriquée, elle échapperait à l'incendie. Chacun, en conséquence, y portait, y roulait, y poussait, y entassait ce qu'il avait de plus précieux. Mais c'est un terrible lutteur que le feu. Il gagna la maison de fer, il l'enveloppa de ses replis flamboyants, la lécha de sa langue ardente, et lui fit de si chaudes carresses, que le fer commença de rougir, de se tordre, de crier, ni plus ni moins que le bois des maisons voisines, et de toute la maison, et de tout ce qui était dedans, il ne resta qu'une espèce de cage informe, rapetissée, racornie, et dont il eût été impossible de reconnaître l'ancien usage.

L'incendie marchait du nord au sud, et ne s'arrêta qu'à Californie-Street, rue très large que le feu, malgré sa bonne volonté, ne put parvenir à enjamber.

L'incendie avait duré de sept heures à onze heures; il avait brûlé cinq cents maisons et causé une perte incalculable. Tous les premiers négociants en vins et en bois de San-Francisco étaient ruinés.

Nous avions cru d'abord que cet incendie allait amener une recrudescence de travaux et que dans ces travaux nous trouverions à nous employer. Mais point : les négociants incendiés étaient presque tous Américains. De sorte que des Américains seuls furent employés aux réparations.

Ayant cherché inutilement de l'ouvrage partout et n'en ayant trouvé nulle part, nous résolûmes, Tillier et moi, de suivre l'exemple d'un de nos compatriotes, M. le comte de Pingret, qui s'est fait chasseur, et qui fait, grâce à son adresse, de très bonnes affaires.

Souvent, nous avions été poussés à cette résolution par un vieux Mexicain de San-Francisco, ancien chasseur d'ours et de bisons, nommé Aluna. Nous résolûmes, Tillier et moi, de nous ouvrir à lui du projet que nous avions de battre les prairies, et de lui demander s'il voulait faire société avec nous dans cette nouvelle spéculation que nous étions résolus à établir.

Il reçut la proposition avec une joie

extrême; il voulait, du premier abord, choisir pour théâtre de nos exploits la Mariposa et la vallée des Tulares, localités qui abondent en ours et en bisons; mais nous le priâmes de nous ménager dans notre noviciat et de nous permettre de commencer par des animaux moins terribles, tels que l'élan, le cerf, le chevreuil, le lièvre, le lapin, l'écureuil, la perdrix, les tourterelles et les geais bleus.

Aluna défendit le terrain pied à pied; mais au bout du compte, comme nous étions, Tillier et moi, les bailleurs de fonds et qu'on ne pouvait pas opérer sans nous, il fut contraint d'en passer par où nous voulûmes.

Il fut donc convenu que nos chasses auraient pour théâtre les plaines montagneuses qui s'étendent de Sonoma au lac Laguna, et de l'ancienne colonie russe au Sacramento.

Les objets de première nécessité pour la carrière que nous allions embrasser étaient de bonnes armes. Or, Tillier et moi possédions d'excellents fusils dont nous avions fait l'épreuve dans nos chasses de la Serra-Nevada et du Passo del Pin.

Après les fusils, le meuble indispensable était une barque pour faire deux fois la semaine le trajet de Sonoma à San-Francisco et de San-Francisco à Sonoma.

J'allai dans le port faire mon choix moi-même. Il s'arrêta sur une baleinière marchant à la rame et à la voile.

Je la payai trois cents piastres, ce qui était pour rien.

Puis nous achetâmes des vivres pour une semaine, nous les fîmes transporter dans la barque avec une ample provision de poudre et de plomb.

Chose étrange, la poudre n'était pas chère : elle coûtait juste le même prix qu'en France, c'est-à-dire 4 francs la livre.

Quant au plomb, c'était autre chose : il valait la livre 50 sous et même 3 francs.

Aluna avait un vieux cheval encore assez solide pour nous servir dans nos chasses comme bête de selle et comme bête de transport ; c'était une dépense de moins à faire ; aussi acceptâmes-nous l'offre qu'il nous en fit avec reconnaissance.

La tente que nous venions de confectionner avec nos draps eût été insuffisante pour l'hiver. Mais comme nous étions en plein été, c'était tout ce qu'il fallait pour la saison.

Le 26 juin 1850, nous nous mîmes en route, après avoir, au même prix que, par le passé, réintégré nos malles chez notre Allemand.

En ma qualité de marin, ce fut moi qui me chargeai de la conduite de la barque : je la montais seule avec Tillier ; Aluna et son cheval, qui ne pouvait faire la traversée dans la baleinière, qu'il eût fait chavirer, étaient embarqués sur un de ces bateaux plats qui transportent les voyageurs aux mines et qui devaient les déposer sur un point quelconque de la côte ; de ce point, cheval et cavalier gagneraient Sonoma, où les premiers arrivés devaient attendre les autres.

Ce fut nous qui arrivâmes les premiers ; mais ce n'était pas la peine de nous vanter de cette priorité, car à peine avions-nous tiré notre barque sur le sable que nous vîmes Aluna, avec son chapeau rond à grand bord, avec son pantalon fendu sur le côté, avec sa veste ronde et son puncho roulé en bandoulière autour du corps qui nous arrivait au grand galop le fusil contre la cuisse.

Le vieux Gaucho avait encore très bonne tournure sous ce costume pittoresque malgré sa vétusté.

Nous avions quelque crainte de laisser aussi notre barque sur le rivage; mais il nous rassura complètement, nous affirmant que personne n'oserait y toucher.

Comme il avait du pays qu'il habitait depuis vingt ans une connaissance plus exacte que la nôtre, nous nous confiâmes en son assurance. Nous laissâmes la barque à la garde de Dieu; nous chargeâmes notre tente et nos munitions sur son cheval, nous accrochâmes çà et là nos quelques ustensiles de cuisine, et, ressemblant autant à des chaudronniers qui vont en quête de casseroles à étamer qu'à des chasseurs, nous nous enfonçâmes immédiatement dans la prairie en marchant du sud au nord.

II

La Chasse.

Nous avons déjà dit, à propos de l'établissement du capitaine Gutteo, quelques mots de la fécondité du sol de la Californie.

Ce fut surtout quand nous eûmes mis le pied dans les prairies qui s'étendent de Sonoma à Santa-Rosa que nous pûmes juger de cette fécondité.

Souvent l'herbe, au milieu de laquelle nous étions obligés de nous frayer un chemin, s'élevait jusqu'à la hauteur de neuf à dix pieds.

Sur les bords du Murphys, nous avions vu des pins d'une grosseur et d'une hauteur dont on n'a aucune idée en France. Ils s'élevaient à 200 ou 250 pieds, et avaient généralement de 12 à 14 pieds de diamètre.

Au nord de la baie de San-Francisco, il existait en 1812 un pin gigantesque. M. de Mofras, savant naturaliste, le mesura à cette époque : il avait 500 pieds d'élévation et 60 pieds de circonférence.

La spéculation qui ne respecte rien, a abattu ce doyen des forêts californiennes ; il eût été heureux que la science du moins assistât à cette destruction et constatât, par les couches en cercles concentriques dont chacune est le résultat de l'accroissement d'une année, l'âge de ce géant.

Adamson a vu abattre au Sénégal un

boabas qui avait, d'après ses mesures, 25 pieds de diamètre, et, d'après son calcul, six mille ans.

Aussi, avec une charrue du genre de celle dont se servent les laboureurs de Virgile, sans herse et sans rouleau, le sol de la Californie produit-il avec une prodigalité presque effrayante.

En 1849, les religieux de la mission de San-Jose semèrent dans un terrain à eux appartenant dix fanègues de blé.

Ils récoltèrent en 1850 onze cents fanègues : c'était cent-dix pour un.

L'année suivante, ils ne se donnèrent pas la peine de semer, et le sol laissé en jachères produisit encore six cents fanègues.

En France, dans les terrains médiocres, le blé rend deux ou trois pour un; dans les bonnes terres, huit à dix; dans les meilleures, quinze à dix-huit.

Dix-huit mois suffisent en Californie à la crue d'un bananier; à dix-huit mois il donne ses fruits et meurt, mais un régime de banane se compose de cent soixante à cent quatre-vingts fruits et pèse de 30 à 40 kilogrammes.

M. Boitard a calculé qu'un terrain de cent mètre carrés, planté de bananiers, placés à deux ou trois mètres de distances les uns des autres, donnait deux mille kilogrammes de fruits.

Dans une même étendue, dans les meilleures terres de la Beauce, le blé ne donne que dix kilogrammes de grains; les pommes de terre, que dix kilogrammes de tubercules.

Depuis quelques temps, on s'est mis, à cultiver la vigne en Californie, et l'on a obtenu des résultats merveilleux. Monterey envoie à San-Francisco des chargements de raisins qui pourraient le disputer à nos meilleures treilles de Fontainebleau.

De même que les plaines et les forêts foisonnent de gibier, les rivières regorgent de saumons et de truites.

A certaines époques, les côtes et les baies, la baie de Monterey surtout, présente un singulier spectacle : des millions de sardines, poursuivies par la baleine à bosse, viennent chercher contre leurs ennemis un refuge dans les eaux moins profondes; mais là les attendent les oiseaux de mer de toute espèce, depuis la frégate jusqu'au goëland ; la mer semble une vaste ruche, l'air est plein de cris et de battements d'ailes, tandis qu'au loin, montagnes mobiles, on voit s'agiter les baleines, qui, après avoir envoyé les sardines aux oiseaux de mer, attendent que les oiseaux de mer les leur renvoient.

En Californie, l'année se divise en deux saisons seulement, la saison sèche et la saison des pluies.

La saison des pluies embrasse depuis octobre jusqu'en mars.

La saison sèche, depuis avril jusqu'à septembre.

Il y a peu de jours froids en hiver, les vents du sud-est qui soufflent l'hiver adoucissant la saison.

Il en est de même pendant les grandes chaleurs; les vents du nord-est tempèrent les rayons trop ardents du soleil.

Quand arrive la saison des pluies, il pleut tous les jours ; seulement les pluies croissent d'octobre à janvier et décroissent de février à avril.

Elles commencent à tomber vers deux heures de l'après-midi et cessent vers six heures du soir.

Nous étions au mois de juillet, c'est-à-dire à la plus belle époque de l'année : la chaleur variait de 25 à 55 degrés centigrades.

De onze heures du matin à deux heures de l'après-midi, cette chaleur rendait la chasse ou le voyage presque impossible. Ce qu'il y avait de mieux alors était de chercher l'ombre admirable du chêne ou du pin, et de dormir.

En revanche, les matinées et les soirées étaient délicieuses ; dès notre entrée dans la prairie, nous nous mîmes en chasse, mais c'était pour notre souper. Nous tuâmes quelques perdrix, deux ou trois lièvres et quelques écureuils.

Aluna nous laissait faire et ne tirait pas ; il était évident qu'il se réservait pour un gibier plus sérieux.

Il avait une carabine anglaise à un seul coup, portant une balle du calibre de vingt-quatre à la livre ; elle avait fait, c'était facile à voir, un assez long service entre ses mains. Autrefois à pierre, elle avait été mise à piston, au moment où cette amélioration avait été introduite, et la grossièreté de ce travail supplémentaire jurait avec la finesse du reste de l'exécution.

Nous cheminions, nous demandant si Aluna, dont on nous avait tant de fois parlé comme d'un véritable Rifleman, nous serait utile autrement que par l'adjonction de son cheval, lorsque tout à coup, il s'arrêta me posant la main sur l'épaule pour me faire signe de demeurer en place.

Je fis aussitôt du doigt un signe à Tillier, qui était à quelques pas de moi.

Nous restâmes immobiles.

Aluna mit l'index sur sa bouche pour nous recommander le silence, puis allongea la main dans la direction d'une petite montagne qui s'élevait à notre droite.

Nous cherchâmes inutilement à distinguer ce qu'il nous montrait, nous ne voyions rien que des pies mouchetées volant d'un arbre à l'autre, et quelques écureuils gris sautillant de branche en branche.

Aluna haussa les épaules, et nous invita du geste à nous accroupir dans l'herbe; en même temps il conduisit avec de grandes précautions son cheval dans un bouquet d'arbres où il l'attacha de court, et dont l'épaisseur le dérobait aux yeux; puis, se débarrassant de son puncho, de son chapeau et même de sa veste, il fit un détour pour gagner le vent sur l'animal qu'il comptait surprendre.

Nous restâmes immobiles, les yeux fixés sur l'endroit qu'il nous avait indiqué, et qui était une portion de la montagne couverte de grandes herbes et d'arbrisseaux présentant à la vue l'aspect d'un taillis de huit à dix ans.

Aluna avait disparu au bout de vingt

pas dans l'herbe, et nous avions beau regarder dans la direction qu'il avait suivie, nous n'entendions aucun bruit et nous ne voyions pas même remuer le sommet des herbes.

Un serpent ou un chacal n'aurait pas glissé ou rampé plus silencieusement qu'il le faisait.

Tout à coup, nous vîmes s'élever au-dessus du faîte du taillis quelque chose qui ressemblait à une branche sèche; une branche parallèle apparut bientôt à peu de distance de la première; enfin, les deux objets qui attiraient nos regards s'étant élevés parallèlement, nous reconnûmes le bois d'un cerf.

L'animal à qui il appartenait devait être énorme, car, à leur extrémité, les deux branches offraient plus d'un mètre et demi d'écartement.

C'était un premier sentiment d'inquiétude qui lui avait fait relever la tête. En effet, une légère bouffée de brise venait de passer au-dessus de nous et lui avait sans doute annoncé la présence d'un danger.

Nous nous couchâmes à plat ventre

dans l'herbe. Le cerf était hors de portée, et d'ailleurs nous ne voyions que le haut de sa tête.

Il lui était impossible de nous voir; mais il était clair qu'il nous avait éventés. Il allongea ses naseaux béants de notre côté, et ses oreilles s'inclinèrent en avant pour percevoir le son.

Au même instant, une détonnation pareille à celle d'un coup de pistolet se fit entendre. L'animal fit un bond de trois ou quatre pieds et retomba dans le taillis.

Nous courûmes à lui. Mais, comme

je l'ai dit, nous étions à six ou huit cents pas de lui, puis les difficultés du terrain nous forcèrent à faire un détour.

Quand nous arrivâmes au petit taillis où nous l'avions vu bondir et disparaître, il était déjà vidé et bourré d'herbes aromatiques.

La fraissure, déposée à côté de lui, était proprement posée sur la feuille d'un bananier.

Nous cherchâmes la blessure : la balle, dont le trou était à peine visible, était entrée au défaut de l'épaule gauche et avait dû lui traverser le cœur.

C'était le premier cerf que nous voyions de près, Tillier et moi ; aussi ne pouvions-nous pas nous lasser de le regarder. Il était de la taille d'un petit cheval et pesait bien quatre cents.

Quant à Aluna, il opérait sur l'animal en homme qui a la grande habitude de cette sorte de travail.

Il était à peu près cinq heures du soir ; l'endroit était excellent pour y passer la nuit. Un charmant petit ruisseau descendait de la montagne à dix pas de l'endroit où le cerf avait été tué. J'allai détacher le cheval et je l'amenai.

Nous traînâmes le cerf à grand'peine jusqu'au bord du ruisseau, où nous le suspendîmes par un de ses pieds de derrière à la branche d'un chêne; ce bel arbre avait un feuillage si épais que, dans la circonférence qu'il embrassait, la terre était presque humide.

Aluna accomplit à l'instant même sur nos lièvres, nos écureuils et nos perdrix, la même opération qu'il avait faite au cerf, dont la fraissure nous faisait un copieux et excellent souper; il s'agissait donc de conserver le gibier qui nous était devenu inutile, et dont nous pouvions tirer parti en le vendant.

A l'instant même la tente fut dressée, le feu allumé, et la cuisine commença.

C'était encore Aluna qui se chargeait de ce soin.

Le foie de l'animal, sauté à la poêle dans du saindoux et assaisonné d'un verre de vin et de quelques gouttes d'eau-de-vie, était un excellent manger.

Comme nous avions encore du pain frais, le dîner fut complet sous tous les rapports, et nous le comparâmes avantageusement à nos dîners des mines, composés de tortilles et de haricots.

Le dîner terminé, Aluna nous invita à dormir, nous demandant quel était celui de nous qui désirait être réveillé vers minuit pour aller à l'affût avec lui.

L'un de nous devait effectivement demeurer dans la tente pour empêcher les chacals de venir prendre leur part de notre gibier.

Nous avions la tête tellement montée par le résultat de notre chasse, que ni Tillier ni moi ne voulant rester, nous fûmes obligés de tirer à la courte-paille. Ce fut moi qui gagnai; Tillier se résigna à garder la tente.

Nous nous enveloppâmes dans nos couvertures et nous nous endormîmes.

Mais ce premier repos ne fut pas long: à peine faisait-il nuit serrée, que nous fûmes réveillés par les clapissements des chacals. On eût dit un troupeau d'enfants que l'on égorgeait. Parfois nous avions entendu ces cris dans nos campements, mais jamais menés à si grand orchestre. L'odeur de la chair fraîche les attirait, et il était évident que la précaution indiquée par Aluna, de laisser un gardien près de notre chasse, n'était point inutile.

A minuit nous partîmes, montant la

montagne contre le vent, ce qui faisait que le gibier, placé dans les régions supérieures, ne pouvait nous sentir.

Je demandai à Aluna des renseignements sur la chasse qu'il comptait me faire faire. A son avis, le cerf qu'il avait tué était si gros qu'il devait être un cerf de harde. En nous plaçant sur les bords du ruisseau, nous devions, vers deux heures du matin, disait Aluna, avoir connaissance du reste de la harde.

S'il se trompait à l'endroit des compagnons du mort, les bords du ruisseau étaient encore une bonne place pour tout autre gibier.

Aluna me désigna pour mon poste un enfoncement de rocher et monta à cent pas au-dessus.

Je me blottis dans ma cavité, passai la baguette de mon fusil dans le canon pour voir si la charge n'était pas dérangée, et trouvant toutes choses en état, j'attendis.

III

Notre première nuit de chasse dans les prairies.

Il y a une chose qu'ont pu remarquer les chasseurs d'affût, c'est que la nuit, que l'homme prend pour un repos général donné à la nature, parce que lui généralement l'occupe au sommeil, est, sous les chaudes latitudes surtout, presque aussi vivante que le jour. Seulement, cette vie n'est pas la même. On la sent inquiète, mystérieuse, pleine de dangers pour cette portion du règne animal qui s'y livre. Les nyctilopes seuls semblent à leur aise, et encore, de même que l'aile du duc, de l'orfraie, du chathuant, de la chouette et de la chauve-souris est mystérieuse, de même le pas du loup, du renard et des petits animaux carnassiers qui chassent la nuit est furtif et plein de précautions; il n'y a que le chacal dont l'éternel glapissement semble à son aise dans l'obscurité.

Au reste, tous ces bruits, l'homme de la ville, transporté au milieu des prairies ou de la forêt, ne les entendrait pas, ou, s'il les entendait, ne pourrait pas les rapprocher de leur cause. Mais, peu à peu, le chasseur, par le besoin qu'il a de les connaître, arrive à les distinguer les uns des autres, et sans même avoir besoin de le voir, à les rapporter à l'animal qui le produit.

Resté seul, et quoique sachant Tillier dans sa tente, et Aluna à cent pas au-dessus de moi, j'éprouvai la sensation de l'isolement. Tant que l'homme s'appuie à l'homme, tant qu'il sent qu'il peut donner et recevoir secours, qu'il a deux yeux pour voir en avant, deux yeux pour voir en arrière, et quatre bras pour se défendre, la nature ne lui paraît pas si imposante, si terrible, si hostile que lorsqu'il se trouve réduit à sa seule intelligence pour pressentir le danger, à ses seuls sens pour le voir, à sa seule force pour le combattre. Alors cette confiance en lui-même disparaît, cette admiration pour ses facultés s'amoindrit, il est arrivé à envier l'instinct ou la sagacité des animaux, il voudrait avoir l'oreille du lièvre pour écouter, l'œil du lynx pour voir, le pied léger du chat tigre pour ne pas être entendu.

Puis peu à peu, comme l'homme est

un animal essentiellement éducable, il acquiert toutes ces qualités au degré où il les peut avoir ; et pour lui, à son tour, la nuit qui n'a plus de mystère, en conservant une partie de ses dangers, lui fait une sauvegarde contre eux en lui apprenant les moyens de défense.

Au bout de quinze jours passés dans les prairies sous la direction d'Aluna, et surtout sous l'inspiration de mes craintes ou de mes espérances de chasseur, j'en étais arrivé à reconnaître le bruit du serpent qui glisse dans l'herbe, de l'écureuil qui saute de branche en branche, du chevreuil qui pince de la corne de son pied les arêtes de la pierre pour venir boire au torrent.

Mais cette première nuit, tout fut confus, et le temps se passa dans un trouble continuel. Je croyais toujours voir, comme dans la nuit de la Sierra-Nevada, les yeux ardents d'un loup se fixer sur moi, ou se mouvoir à quelques pas la masse informe d'un ours.

Rien de tout cela n'était cependant : nous étions dans une contrée où ni les uns ni les autres de ces animaux ne se hasardent que bien rarement, surtout l'été.

Je n'en entendis pas moins tout autour de moi de grands bruits, mais sans rien voir; deux ou trois fois j'entendis les brusques écarts de gros animaux qui, soit de caprice, soit d'effroi, bondissaient à dix, quinze et vingt pas de moi, mais c'était sur mes côtés ou derrière moi, et par conséquent sur des points que ne pouvait embrasser ma vue, que retentissait ce bruit.

Tout à coup, au milieu du silence, j'entendis la claire et sèche détonation du fusil d'Aluna. Presque aussitôt des bruits s'éveillèrent dans toute la direction; quelque chose comme le galop d'un cheval s'approcha de moi. Je vis passer de l'autre côté du torrent un animal qui me parut gigantesque, et auquel j'envoyai à tout hasard, et pour l'acquit de ma conscience, mes deux coups de fusil.

Puis je restai immobile et comme effrayé moi-même de la détonation de l'arme que j'avais entre les mains.

Mais presque aussitôt j'entendis un petit sifflement, et je reconnus qu'Aluna me prévenait de me rallier à lui.

Je remontai les bords du torrent, et je

le trouvai occupé à faire à une biche la même opération que je lui avais vu faire au cerf.

La biche était touchée juste au même endroit que le cerf, et ne me paraissait pas avoir plus longtemps que lui survécu à la blessure.

Il me demanda sur quoi j'avais tiré; je lui racontai la gigantesque vision qui m'était apparue, et à la description que je lui en fis, Aluna crut reconnaître que j'avais envoyé mes deux coups de fusil à un élan.

Il n'y avait point à espérer faire autre

chose dans la nuit; nos deux coups de fusil avaient évidemment mis sur pied tous les animaux de la prairie, et une fois éventés par eux, il était certain qu'ils n'auraient plus l'imprudence de se rapprocher de nous. Nous fîmes une espèce de lit de branches sur lequel nous couchâmes notre biche; nous nous attelâmes chacun à une patte de derrière, et faisant glisser ce lit de branches en même temps que l'animal, afin de ménager sa peau, dont on fait de fort belles selles, nous commençâmes à le traîner vers notre tente.

Nous trouvâmes Tillier debout et nous attendant.

Il n'avait pas dormi une seconde, passant son temps à effaroucher les chacals, qui semblaient s'être réunis de tous les points de la prairie pour monter à l'assaut de notre gibier. Quelques-uns étaient tombés sur les intestins du cerf, que nous avions jetés à une vingtaine de pas de notre tente, et en avaient fait curée, ce qui avait été facile à reconnaître aux cris joyeux de ceux qui avaient eu cette bonne aubaine, et qui semblaient se rire des glapissements tristement affamés de leurs compagnons.

La chasse était bonne et suffisante pour un voyage à San-Francisco. Nous avions un cerf, une biche, quatre lièvres, deux écureuils et deux perdrix huppées. Il fut donc décidé que Tillier et moi partirions à l'instant même pour San-Francisco, afin de faire de l'argent de notre gibier.

Aluna resterait à la garde de la tente et tâcherait, en notre absence, de faire le plus grand abattis possible de cerfs et de chevreuils.

Nous chargeâmes à grand'peine le cerf et la biche sur le dos de notre cheval, nous y ajoutâmes en manière d'ornements les lièvres, les écureuils, les lapins et les perdrix, et comme le jour allait poindre, nous reprîmes le chemin de la baie de San-Francisco. En ne perdant pas de temps, nous pouvions arriver à la ville vers les quatre heures.

Rien n'était plus facile que de suivre, en retournant à San-Francisco, le chemin que nous avions pris pour venir la veille; notre passage était tracé dans la prairie, comme, le matin, sont tracés dans un trèfle le passage du chien et du chasseur qui viennent de le battre.

Avant de partir, je recommandai à Aluna d'aller voir à l'endroit où j'avais tiré l'élan s'il n'y avait pas trace de sang. Je l'avais tiré de si près, qu'à mon avis, malgré la surprise qu'il m'avait causée, il me paraissait impossible que je ne l'eusse pas touché.

La matinée était fraîche et charmante, jamais nous ne nous étions sentis, Tillier et moi, si légers et si joyeux. Il y a dans la vie indépendante du chasseur quelque chose de fier et de satisfait comme la liberté elle-même.

Vers cinq heures du matin nous fîmes halte pour manger un morceau. Nous avions emporté un pain creusé, et, à la place de la mie enlevée, nous avions introduit le reste du foie de notre cerf; en outre, nous avions une gourde pleine d'eau et d'eau-de-vie. C'était autant qu'il en fallait pour faire un repas de prince.

Pendant que nous déjeunions au pied d'un chêne vert et que notre cheval tout chargé mangeait des bourgeons d'arbousier, dont il était très friand, nous aperçûmes une douzaine de vautours qui se livraient à de singulières évolutions.

A chaque instant, leur bande s'augmentait, et de douze elle fut bientôt portée à vingt ou à vingt-cinq.

Ils semblaient, dans leur vol, suivre la marche dans la prairie d'un homme ou d'un animal qui, de temps en temps, serait forcé de s'arrêter. Alors eux-mêmes s'arrêtaient, s'élevant, s'abaissant, quelques-uns fondant jusqu'à terre, puis se relevant comme effrayés.

Il était évident qu'il se passait dans la prairie, à un quart de lieue de nous à peu près, quelque chose d'extraordinaire.

Je pris mon fusil, et m'étant orienté, pour ne pas me perdre, sur le bouquet de chênes du centre duquel un grand pin s'élançait pareil à un immense clocher, je me glissai dans la prairie.

Il n'y avait pas de danger que je m'égarasse. Je n'avais qu'à lever les yeux, le vol des vautours me gui ait.

Ce vol devenait de plus en plus agité ; de différents points de l'horizon, de nouveaux oiseaux de la même espèce arrivaient à tire d'ailes : c'était quelque chose de merveilleux de force et de puissance que ce vol rapide comme la balle, et pour lequel, une fois lancé, l'oiseau semblait n'avoir plus besoin de faire aucun mouvement. Puis, arrivé au groupe principal, chaque vautour sembla éprouver la curiosité générale et se mêler pour son compte au drame, quel qu'il fût, qui se passait ou qui allait se passer.

Comme le vol des vautours n'était pas rapide, une fois réunis, comme ils tournoyaient beaucoup sur eux-mêmes, comme ils s'élevaient et s'abattaient alternativement, je gagnais visiblement sur eux ; tout à coup leur mouvement cessa d'être progressif et devint complètement stationnaire ; ils poussaient des cris aigus, battaient des ailes et se donnaient un grand mouvement. J'étais alors à cent pas à peine de l'endroit sur lequel, à chaque instant, ils paraissaient prêts à s'abattre.

C'était au plus épais de la prairie ; en me haussant sur la pointe des pieds, à peine ma tête pouvait-elle atteindre à la hauteur de l'herbe ; mais, comme je l'ai dit, le groupe de vautours me guidait ; je continuai donc mon chemin.

D'un autre côté, j'apercevais Tillier, qui, monté sur un arbre, m'adressait de loin des paroles que je ne pouvais pas entendre, et me faisait des gestes que je ne comprenais pas.

D'où il était, il semblait voir la scène

qui se passait, et vers laquelle ses cris et ses gestes semblaient me guider.

Comme je n'avais plus qu'une cinquantaine de pas à faire pour être sur le lieu de l'évènement, je continuai ma route, le fusil armé et prêt à faire feu à tout évènement.

Quand j'eus fait une vingtaine de pas encore, il me sembla entendre des plaintes, puis le mouvement qui accompagne une lutte désespérée; en même temps les vautours s'élevaient, tournaient, s'abaissaient avec des cris désespérés.

On eût dit qu'un larron auquel ils ne

s'attendaient pas leur enlevait inopiné-
ment une proie sur laquelle ils avaient
tout droit de compter, et qu'ils avaient
déjà regardée comme la leur.

A ce bruit, à ces gémissements qui
semblaient assez proches, je redoublai
de précautions, et m'avançant toujours,
je devinai que je n'étais plus séparé des
acteurs de cette lutte, quels qu'ils fussent, que par quelques pieds de distance.

J'écartai doucement le dernier obstacle, et rampant comme une couleuvre,
j'arrivai à la lisière de l'herbe.

Un animal, dont au premier regard je ne reconnus pas l'espèce, était couché à dix pas de moi, encore tout palpitant des derniers tressaillements de l'agonie, et servant en quelque sorte de barricade à un homme dont je n'apercevais que le bout du fusil et le haut de la tête.

Cet homme, l'œil fixé sur le point d'où je m'apprêtais à sortir, semblait n'attendre pour faire feu que mon apparition.

Fusil, tête, œil ardent, je reconnus tout cela à la fois et d'un seul regard. Et me levant tout à coup.

—Eh! père Aluna! m'écriai-je, pas de bêtise! Diable, c'est moi!

— Je m'en doutais, répondit Aluna en abaissant son fusil; en ce cas, tant mieux, vous allez m'aider. Mais envoyez d'abord un coup de fusil à tous ces braillards-là, ou ils ne nous laisseront pas un instant en repos.

Et il me montrait les vautours qui faisaient rage au-dessus de notre tête.

Je lâchai mon coup au plus épais de la bande; un vautour atteint tomba en tournoyant. Aussitôt les autres s'élevèrent de manière à se mettre hors de portée, mais cependant ils parurent tenir à ne pas nous perdre de vue.

Je demandai à Aluna l'explication de notre rencontre.

C'était la chose la plus simple : comme je le lui avais recommandé, il avait été, au jour, examiner la place où j'avais tiré mon élan ; comme je l'avais prévu, l'animal était blessé, ce qui avait été facile à reconnaître à la trace de sang qu'il avait laissée dans sa fuite.

Aluna s'était mis aussitôt à suivre cette trace de sang.

Avec sa science de chasseur, il avait bientôt reconnu que non seulement l'animal était blessé, mais blessé à deux endroits, au cou et à la cuisse de derrière.

Au cou, parce que les branches, à la la hauteur de six pieds, avaient conservé des vestiges sanglants.

A la cuisse de derrière, parce que l'élan ayant traversé un espace sablonneux, Aluna n'avait trouvé sur le sable que la trace de trois pieds; le quatrième, au lieu de s'appuyer, traînait et traçait sur le sol une espèce de sillon irrégulier, tout semé de gouttes de sang.

Présumant en conséquence qu'atteint

ainsi, l'animal ne pouvait aller loin, il s'était mis à sa poursuite.

Au bout d'une lieue à peu près, il avait trouvé l'herbe foulée et abondamment souillée de sang ; l'animal, épuisé par ses blessures, avait été obligé de s'arrêter un instant. A l'approche d'Aluna seulement, il s'était relevé et avait repris sa course. C'était alors que les vautours, selon leur habitude quand un animal est blessé dans la prairie, s'étaient mis à le suivre jusqu'à ce qu'il tombât. C'était ce vol, dont moins versé qu'Aluna dans les mystères de la chasse, j'ignorais la cause qui m'avait guidé en le guidant lui-même. Malheureusement pour les vautours, au moment où manquant de force pour aller plus loin, l'élan était prêt à tomber et eux étaient prêts à fondre sur lui et le déchiqueter vivant, Aluna était arrivé, et pour ne pas perdre inutilement une charge de poudre, il lui avait coupé le jarret.

De là, ces plaintes et ce mouvement que j'avais entendus sans pouvoir en deviner la cause.

Notre chasse était augmentée d'une pièce qui à elle seule pesait autant que toutes les autres.

IV

Aluna.

Il n'y avait pas moyen de surcharger notre malheureux cheval de ce nouveau fardeau : il portait tout ce qu'il pouvait porter.

Nous avisâmes de loin une charrette qui venait de Santa-Rosa à Sonoma. Elle appartenait à un homme des ranch. Nous fîmes prix avec lui moyennant deux piastres ; il nous permit de mettre notre élan dans sa voiture et nous aida même à le mettre lui-même.

Le soir il retournait à Santa-Rosa : il ramènerait notre cheval, dont la charge, une fois arrivé à Sonoma, allait passer dans le bateau ; Aluna le lui reprendrait sur la route, où il l'attendrait en chassant.

Nous continuâmes notre chemin avec Tillier. A une heure de l'après-midi nous étions à Sonoma.

Notre baleinière était sur le rivage. Avec l'aide de quelques hommes de Sonoma, nous fîmes passer notre chasse dans le bateau.

Le vent était nord-est, excellent par conséquent pour traverser le golfe : nous déployâmes la voile; en trois heures nous étions à San-Francisco.

Il était quatre heures de l'après-midi. Je courus à la principale boucherie, tandis que Tillier gardait le gibier recouvert d'herbes et de feuilles.

C'était la boucherie de San-Francisco tenue par un Américain.

Je lui dis ce qui m'amenait chez lui et quel chargement nous apportions. En temps ordinaire, à San-Francisco un cerf vaut de 70 à 80 piastres, un chevreuil de 30 à 35 piastres, un lièvre de 6 à 8 piastres, une perdrix hupée 1 piastre, un écureuil 50 sous.

Il n'y avait pas de prix fait pour un élan. Je crois que c'était le premier qu'on avait amené à une boucherie de San-Francisco.

Nous fîmes du tout une cote mal taillée et, en échange de plus de quinze cents livres de viande, nous reçûmes trois cents piastres.

Nous repartîmes le soir même. En ramant vigoureusement, nous fûmes à Sonoma vers une heure du matin. Nous nous couchâmes dans le fond de notre bateau, et nous dormîmes jusqu'à cinq heures.

Nous nous mîmes aussitôt en route pour rejoindre Aluna. Cette fois, nous appuyâmes un peu plus à droite, afin de suivre le versant occidental d'une petite chaîne de collines où les herbes étaient bien moins hautes que dans la prairie, et où, par conséquent, la chasse était plus facile.

Sept ou huit chevreuils nous partirent. Nous en tuâmes deux.

Nous avions étudié avec grand soin l'opération que leur faisait subir Aluna après leur mort, opération plus nécessaire dans un climat aussi chaud que l'est la Californie que partout ailleurs.

Nous choisîmes des chênes assez épais de branchage pour conserver nos chevreuils frais, et nous les y suspendîmes à des branches assez élevées pour que les chacals n'y puissent atteindre.

A onze heures, nous étions de retour au campement. En y arrivant, nous aperçûmes, pendus aux branches d'un chêne, un chevreuil et un cerf.

Aluna, de son côté, n'avait point perdu son temps.

Aussi, comme la chaleur commençait à atteindre sa plus grande intensité, pensâmes-nous qu'il faisait sa sieste ; en conséquence, nous nous approchâmes sur la pointe du pied. En effet, il était roulé dans son puncho et dormait du plus profond sommeil.

Mais quelque chose dormait près de lui roulé dans son puncho qui nous effraya singulièrement pour lui.

C'était un serpent à sonnettes, qui était venu chercher le chaud et le moelleux de la laine.

Aluna dormait sur le côté droit. En supposant qu'il se retournât pendant son sommeil sur le côté gauche, il pressait le serpent contre la terre, et infailliblement le serpent le mordait.

Nous restâmes, Tillier et moi, sur le seuil de la tente, haletants, les yeux fixés sur l'animal au poison mortel, ne sachant pas ce que nous devions faire.

Au moindre bruit, Aluna pouvait faire un mouvement : ce mouvement, c'était la mort.

Enfin, nous nous résolûmes à débarrasser notre compagnon de son terrible compagnon de sommeil, car le serpent paraissait dormir comme lui et d'un aussi bon sommeil que lui.

Nous avons dit quelle était la position d'Aluna, : il dormait couché sur le côté droit et roulé dans son puncho.

L'animal s'était glissé contre lui; sa queue et la partie inférieure de son corps disparaissaient dans les plis du manteau; une portion de la partie supérieure, roulée sur elle-même, reparaissait tournée comme un gros câble; puis, la tête s'enfonçait sous le cou même du dormeur.

Tillier décrivit un cercle, tourna du côté de la tête d'Aluna, et introduisant les canons de son fusil dans la courbe faite par le reptile, il s'apprêta, par un mouvement rapide, à le jeter loin de lui.

Pendant ce temps, j'avais tiré une espèce de couteau de chasse que je portais d'habitude à ma ceinture et je m'apprêtais à trancher le serpent en deux.

Je fis signe à Tillier que j'attendais. Aussitôt le fusil, faisant l'effet d'un ressort, enleva le serpent et le jeta contre la toile de notre tente.

Je ne l'attendais point-là; aussi le manquai-je avec mon couteau de chasse quand il retomba à terre.

Le serpent se dressa en sifflant sur sa queue, et, je l'avoue, en voyant cet œil terne s'enflammer comme un rubis, cette gueule livide s'ouvrir démesurément, tout mon sang se figea.

Cependant, le mouvement avait réveillé Aluna. Au premier coup d'œil, sans doute il ne comprit pas ce que signifiaient Tillier avec son fusil et moi mon couteau, mais la vue du serpent lui expliqua tout.

— Ah! ver de terre! dit-il avec un accent de mépris impossible à rendre.

Et allongeant son grand bras, il saisit le serpent par la queue, le fit tourner deux ou trois fois en sifflant, comme un frondeur fait de sa fronde, et lui brisa la tête contre le piquet de notre tente.

Puis, avec un suprême dédain, il le jeta à vingt pas, sortit, s'achemina vers le ruisseau, se lava les mains, les essuya avec des feuilles de chêne et revint nous trouver en disant :

— Eh' bien! la vente a-t-elle été bonne ?

Tillier et moi étions pâles comme la mort.

Tillier lui tendit le sac ; Aluna se mit à compter les piastres, fit trois parts égales, et, avec un signe évident de satisfaction, mit ses cent piastres dans un petit sac de cuir pendu à sa ceinture.

De ce moment seulement, je l'avoue, Aluna prit dans mon esprit et dans celui de Tillier toute la considération qu'il méritait.

Il y avait plus, c'est que nous ne faisions pas chez lui la part de l'habitude :

peut-être au commencement de sa vie aventureuse avait-il été aussi timide que nous ; peut-être la vue du premier serpent à sonnette l'avait-elle encore plus effrayé, lui, que nous la vue de celui-là, mais l'habitude était venue, l'habitude qui familiarise avec tout, même avec la vue de la mort.

En effet, dans ses courses vers l'Est, dans ses explorations au milieu de ce pays inconnu encore aujourd'hui, qui s'étend entre les deux routes suivies par les caravanes et dont l'une se rend du lac Pyramide à Saint-Louis-Missouri, et l'autre de Monterey à Santa-Fé ; dans ces espaces immenses où les rivières sans issues se perdent dans les sables et forment à la fin de leurs cours des lagunes et des marais imprégnés de sels chargés de bitume et sillonnés par des hommes et des animaux aussi sauvages les uns que les autres, Aluna s'était habitué à tous les périls.

Quant aux serpents à sonnettes, voici comment Aluna avait fait connaissance avec eux.

Un soir que sur la rive gauche du Rio-Colorado, chez les Indiens Navajoas, il venait de remettre dans leur chemin deux missionnaires et un Anglais qui s'étaient perdus, Aluna, qui avait horreur des chemins frayés, s'était rejeté au grand galop de son cheval dans la prairie ; arrivé au bord d'un ruisseau, il jugea le lieu propre à y passer la nuit, débrida son cheval, étendit sa peau de bison, prépara sa selle comme une ménagère arrange son traversin, et pour faire cuire quelques tranches de daim aussi bien que pour éloigner de lui les bêtes féroces pendant son sommeil, il alluma du feu, après avoir eu le soin d'arracher l'herbe tout autour de la place destinée au foyer, afin de ne pas communiquer le feu à la prairie.

Le feu allumé, les tranches de daim posées sur les charbons, Aluna craignit de n'avoir pas assez de bois pour sa nuit, et comme un grand pin s'élevait de l'autre côté du ruisseau, il ouvrit son couteau mexicain pour en aller tailler quelques branches, et, prenant son élan, il sauta de l'autre côté du ruisseau.

Mais son pied porta juste sur quelque chose de vivant sur quoi il glissa.

Aluna tomba à la renverse.

Aussitôt il vit se dresser au-dessus de l'herbe la tête d'un serpent à sonnette, et au même instant une vive douleur au genou lui apprit que le serpent venait de le mordre.

Le premier mouvement fut tout à la colère. Aluna se jeta sur le reptile, et avec son couteau mexicain, le tailla en trois ou quatre morceaux.

Mais il était blessé, et, selon toute probabilité, blessé mortellement.

Ce n'était plus la peine d'aller couper du bois pour prolonger son feu : avant que son feu fût éteint, Aluna serait mort.

Il s'en revint, triste, morne et faisant

une prière qu'il croyait être la dernière, se rasseoir auprès de son feu, car il lui semblait déjà éprouver par tout son corps une sensation glacée.

Il était donc là, en face de son dernier instant, sa jambe déjà engourdie, étendue, enflant et bleuissant, quand tout à coup il se souvint, — et Aluna ne doutait point que ce ne fût grâce à sa prière que ce souvenir lui était venu, — quand il se souvint, dis-je, qu'en arrachant l'herbe autour de son foyer, il avait arraché plusieurs pieds de l'herbe que les Indiens appellent l'*herbe à serpent*.

Il fit un effort et se traîna vers l'endroit où il se rappelait avoir vu cette herbe.

Il y en avait, en effet, deux ou trois pieds qu'Aluna avait arrachés avec leur racine.

Aussitôt il lava et essuya son couteau encore tout visqueux et ensanglanté, et tout en mâchant une des racines pour ne pas perdre de temps, il coupa le reste en petites branches, qu'il fit bouillir dans une tasse d'argent que venait de lui donner l'Anglais, en mémoire du service qu'il lui avait rendu de le remettre dans son chemin.

Puis, comme il avait vingt fois entendu dire aux sauvages ce qu'il fallait faire, il appuya la racine mâchée sur la double plaie de sa jambe : c'était le premier pansement.

Pendant ce temps, la racine bouillait dans la tasse d'argent, et donnait un breuvage d'un vert foncé, exhalant une forte odeur d'alcali.

Tel qu'il était, ce breuvage eût été insupportable à avaler, mais Aluna l'étendit d'eau, et malgré sa répugnance, il avala la tasse tout entière.

Il était temps. A peine cette boisson

avalée, le vertige le prit, la terre devenait mobile, un ciel livide tournait au-dessus de sa tête ; la lune qui se levait lui semblait une énorme tête coupée et suant du sang.

Il poussa un long soupir, qu'il crut le dernier, et tomba sans mouvement sur sa peau de bison.

Le lendemain, au point du jour, Aluna fut réveillé par son cheval, qui, ne comprenant rien au sommeil de son maître, lui léchait le visage. Lui-même en se réveillant ne se rappelait rien de ce qui s'était passé. Il éprouvait un engourdissement général, un sentiment de douleur sourde, de lassitude profonde, et quelque chose de pareil à une mort partielle s'était emparé de toute la partie inférieure de son corps.

Il se souvint alors de ce qui lui était arrivé.

Ce fut avec une anxiété profonde qu'il ramena vers lui sa jambe blessée, ouvrit son pantalon et chercha la plaie sous le cataplasme de racine mâchée qu'il avait assuré autour de sa jambe avec son mouchoir.

La plaie était vermeille et la jambe à peine enflée.

Alors il renouvela l'opération de la veille, mâcha de nouveau la racine salutaire ; mais cette fois, malgré son odeur alcaline, malgré son goût de térébenthine, il prit sur lui d'en avaler le suc.

Puis il appliqua un nouveau cataplasme à la place de l'ancien.

Après quoi, n'ayant pas la force de gagner l'ombre, il se glissa sous sa peau de bison, au lieu de rester dessus.

Là, pris par la transpiration comme dans une étuve, il resta jusqu'à trois heures de l'après-midi. A trois heures, il se sentit la force d'aller jusqu'au ruisseau laver sa jambe, et but quelques gorgées d'eau fraîche.

Quoique la tête fût toujours lourde, quoique le pouls battît fiévreusement, Aluna se sentait beaucoup mieux. Il appela son cheval, qui vint à sa voix, le sella, roula sa peau de bison comme un porte-manteau, fit provision de son herbe à serpent, et s'étant mis en selle avec des efforts inouïs, il lança son cheval dans la direction d'un village navajoas, distant de cinq ou six lieues.

C'était une peuplade dont il s'était

fait l'ami. Aussi, fut-il admirablement reçu. Un vieux sauvage entreprit sa guérison ; et, comme il était déjà en convalescence, cette guérison ne fut pas longue à être complète.

Depuis ce temps, Aluna avait considéré la morsure du serpent à sonnette comme un accident ordinaire ; il est vrai qu'il portait constamment sur lui, dans un petit sac de peau de l'herbe et de la racine préservatrice, renouvelant l'une et l'autre toutes les fois que l'occasion s'en présentait.

V

Aluna.

Aluna disait souvent, en relevant la tête avec un certain mouvement de mélancolie : Du temps où j'étais fou !

Nous ne sûmes jamais de quelle folie il voulait parler. Je crus, moi, et jusqu'à preuve contraire je persisterai dans ma croyance, que, pour Aluna, ces mots : *Du temps où j'étais fou*, voulaient simplement dire : Du temps où j'étais amoureux.

Par d'autres bribes de conversations arrachées à nos longues causeries du soir, je crus comprendre, comme je viens de le dire, qu'Aluna avait été amoureux, et qu'ayant perdu la femme qu'il aimait, il était tombé dans une espèce de spleen qui l'avait conduit aux portes de la folie. Comment avait-il perdu cette femme? Le point resta toujours obscur à mes yeux, car jamais Aluna ne dit rien de positif sur ce sujet, et je ne puis parler sur ce point que par supposition.

Enfin, du temps qu'Aluna était fou, il habitait alors du côté des monts de la rivière du Vent, sur les bords du fleuve Askansas ; il avait commencé de se bâtir une cabane. Cette cabane, commencée avec amour, pourquoi ne l'avait-il pas achevée, pourquoi était-elle restée à moitié construite, à peine fermée par des contrevents mal joints, par une porte à simple loquet ? N'est-ce point qu'Aluna vit un beau jour qu'il allait lui falloir habiter seul une maison qu'il avait commencée pour deux, et que dès lors peu lui importait que la maison restât ouverte ou fermée, puisque le seul trésor qu'il jugeait digne de verrous et serrures avait disparu.

Une nuit, d'après une longue absence, il était rentré, trouvant ouverte la porte qu'il croyait retrouver fermée, il crut s'apercevoir qu'un amas de maïs qu'il avait fait dans un des angles de la cabane et qui touchait au plafond était fort diminué. Peu lui importait cette provision de maïs, toujours trop considérable pour lui et qu'il eût partagée à l'instant même entre ceux de ses voisins qui la lui eussent demandée; mais Aluna n'aimait point qu'on touchât à son bien sans le prévenir, et il voyait dans le **vol** non pas seulement le vol, mais une espèce de mépris que fait le voleur du volé.

Sous ce rapport, le vol mit Aluna de fort mauvaise humeur.

Le voleur avait laissé la porte ouverte, donc il ne se gênait pas et comptait revenir.

Aluna se coucha, mit près de lui une espèce de hache dont il se servait pour son charpentage, et, son couteau mexicain passé à la ceinture, il attendit le voleur.

Mais pour Aluna, comme pour tous les hommes à la vie active, le sommeil, ne fût-il pris qu'à une petite dose, est de toute nécessité.

En conséquence, quels que fussent les efforts que fit Aluna pour demeurer éveillé, il s'endormit.

Au milieu de la nuit, il se réveilla. Il semblait qu'on ravageait audacieusement son tas de maïs et que les feuilles sèches criaient sous une pression qui n'avait aucunement l'intention de se dissimuler.

Sans doute le voleur ne s'était pas

même donné la peine de venir jusqu'au lit, et croyant Aluna toujours absent, il fourrageait sans inquiétude le tas de maïs.

Cela parut un peu audacieux à Aluna, qui cria en espagnol :

— Qui va là ?

Le bruit cessa, mais aucune voix ne répondit.

Aluna se souleva sur son lit, et voyant que le voleur gardait le silence, il renouvela la question en langue indienne ;

mais l'interrogatoire n'obtint pas plus de succès dans une langue que dans l'autre.

Ce silence ne laissait pas que d'être inquiétant : l'individu, quel qu'il fût, qui était entré dans la cabane, voulait sans doute en sortir comme il était entré, c'est-à-dire incognito. Il semblait même marcher à pas lents et sourds, comme un homme qui craint d'être entendu, quoique de temps en temps sa respiration, sur laquelle il ne paraissait pas avoir le même empire, décelât sa présence.

Il semblait même à Aluna que ces pas,

au lieu de se diriger vers la porte, se rapprochaient de lui.

Bientôt il n'y eut plus de doute, le voleur cherchait à le surprendre en s'avançant vers le renfoncement qui lui servait d'alcôve.

Aluna se prépara à soutenir la lutte.

Comme elle paraissait devoir être corps à corps, il prit son couteau de sa main gauche, sa hache de sa main droite et attendit.

Bientôt il sentit plutôt qu'il ne vit que

son adversaire n'était plus qu'à deux pas de lui.

Il étendit la main et rencontra une peau rude et velue.

Il n'y avait pas de doute à avoir : le voleur était un ours.

Aluna se recula vivement ; mais derrière lui était le mur qui l'empêchait d'aller plus loin ; il fallait donc, bon gré, mal gré, accepter le combat.

Aluna n'était pas homme à reculer ; d'ailleurs, comme il le disait lui-même, c'était du temps où il était fou et où tout danger lui était indifférent, attendu qu'il aimait autant en finir tout de suite avec les années qu'il avait encore à vivre.

Il leva son bras armé de la hache et l'abattit de toute volée de haut en bas à tout hasard, et s'en rapportant au hasard ou à la Providence de ce que l'arme rencontrerait.

Elle rencontra une des pattes de l'ours à laquelle elle fit une large entaille.

A ce coup, l'ours ne garda plus le silence, il rugit terriblement, et de son autre patte ayant attrapé Aluna par le flanc, il l'attira vers lui.

Aluna n'eut que le temps, en passant sa main sous la patte de l'ours, d'appuyer le manche de son couteau contre sa cartouchière mexicaine.

Il en résulta que, plus l'ours serrait étroitement Aluna contre lui, plus il s'enfonçait de lui-même le couteau dans la poitrine.

Pendant ce temps, de la main droite Aluna frappait sur le nez de l'ours avec le manche garni de fer de sa hache.

Mais l'ours est un animal à peau dure, il fut longtemps à s'apercevoir qu'il se poignardait lui-même en serrant Aluna contre lui. Celui-ci commençait même à trouver l'étreinte un peu rude, quand par bonheur le couteau pénétra dans les œuvres vives. L'ours poussa un rugissement de douleur et jeta Aluna de côté.

Lancé avec une violence dont lui-même ne s'était point fait une idée, Aluna eût été aplati contre la muraille, si le hasard n'eût point fait qu'il eût passé par la porte ouverte et qu'il fût allé rouler à dix pas de là.

Dans sa chute, Aluna laissa échapper sa hache, et, comme il avait laissé son couteau dans le ventre de l'ours, il se trouva désarmé.

Par bonheur, à portée de sa main, se trouva un piquet de chêne pointu comme un épieu et préparé avec plusieurs autres pour faire un enclos autour de la maison.

Aluna avait été jeté sur le piquet, et en se relevant quoiqu'un peu étourdi de la chute, il l'avait ramassé. Dans les mains d'un homme vigoureux comme l'était Aluna, c'était une arme aussi terrible que l'était la massue aux mains d'Hercule.

Il eut bientôt lieu de s'en servir, car l'animal, furieux de sa double blessure, le suivait en grondant hors de la cabane. Aluna ne tenait pas à la vie, mais il ne voulait pas en sortir par une voie si dure que celle dont le menaçait le terrible animal qui s'acharnait contre lui, il rassembla donc toutes ses forces; et, comme il s'agissait visiblement d'un combat mortel, il fit pleuvoir sur l'ours une grêle de coups, à briser les os d'un taureau.

Mais l'ours parait une portion des coups qu'on lui portait avec l'habileté du plus adroit escrimeur, cherchant toujours à saisir le piquet et à l'arracher des mains d'Aluna, ce à quoi il eût réussi plus tôt sans sa patte blessée, et ce à quoi il réussit enfin. Une fois qu'il le tint, Aluna ne résista que pour le lâcher, ce qu'il fit au moment même où l'ours allait le lui arracher par une violente secousse; l'ours, qui s'attendait à une résistance, tomba en arrière. Aluna profita de cette chute pour s'élancer dans sa maison et en repousser vivement la porte derrière lui; mais l'ours ne le tenait pas quitte à si bon marché : il revint contre la porte, presqu'en même temps qu'Aluna venait de la repousser, et tous deux, séparés par la porte arrachée de ses gonds, allèrent rouler au fond de la chambre.

En roulant, Aluna remit la main sur la hache qui lui était échappée, et se faisant un bouclier de tout, comme de tout il se faisait une arme, il dressa la porte et s'abrita derrière elle; l'ours la saisit alors entre ses deux pattes; c'est ce qu'attendait Aluna; il abandonna la porte, et d'un coup de hache habilement porté, il le blessa à l'autre patte.

Manchot des deux bras, ayant un couteau enfoncé jusqu'au manche dans la poitrine, l'ours comprit que la chance tournait contre lui et songeait à la retraite. C'était le moment où l'attendait Aluna. Il avait ménagé tous ses mouvements pour arriver à portée de sa carabine, dont jusque-là il n'avait pas pu se servir ; la sentant enfin sous sa main, il sauta dessus, l'arma et se plaça un peu en dehors de la porte, mais en face d'elle.

En ce moment, la lune apparut entre deux nuages, comme pour venir en aide à Aluna en lui donnant la faculté de bien viser.

L'ours parut un instant hésiter pour

savoir s'il sortirait de la maison ; mais enfin, il en prit son parti, et avec un rugissement terrible se présenta à la porte.

Aluna la barrait le fusil à la main.

Force fut à l'ours de se dresser pour combattre, selon son habitude, corps à corps. C'était le mouvement qu'attendait Aluna ; il fit un pas en arrière et fit feu à bout portant du côté opposé à celui où était déjà entré le couteau.

L'ours recula de deux pas et tomba lourdement à la renverse.

La balle lui avait traversé le cœur.

Quuique ce fût un ours noir, il était presque de la taille d'un ours gris et pesait huit cents livres.

Seulement il est probable que si Aluna eût eu affaire à un ours gris au lieu d'avoir affaire à un ours noir, la chose eût tourné tout autrement, l'ours gris se servant dans le combat de ses dents et de ses griffes, dont l'ours noir au contraire ne se sert jamais.

Il essaie de saisir son ennemi à bras le corps, le presse contre lui et le broie dans une effroyable étreinte.

On comprend ce qu'étaient nos chasses au daim, au chevreuil et au cerf, pour un homme habitué aux terribles chasses que je viens de raconter.

Puis Aluna avait encore échappé à bien d'autres périls près desquels ceux que nous venons de raconter lui semblaient des dangers ordinaires. Ces dangers avaient certainement laissé trace dans son esprit, mais il en parlait sans terreur, près qu'il était de les braver encore sans hésiter un seul instant si l'occasion s'en présentait.

Mais il n'en était pas de même de ceux qu'il avait courus, disait-il, le long du

Rio Colorado et dans les marécages de la partie orientale du Texas, où il avait perdu deux chevaux dévorés par les alligators et les carvanas.

Chez nous, on sait parfaitement ce que c'est que l'alligator, mais je doute que les savants, que les naturalistes eux-mêmes aient jamais entendu parler du carvana ; quant à moi, je ne voudrais pas répondre que le carvana ait jamais existé ailleurs que dans le cerveau d'Aluna.

Quoiqu'il en soit, le carvana était pour cet homme sans peur ce que Croquemitaine est pour nos petits enfants.

Il existe, à ce qu'il paraît, dans l'est du Texas d'immenses marécages qui présentent à la surface l'aspect d'une prairie solide, et qui cependant ne sont que de vastes lacs de vase, où un cheval et son cavalier disparaissent en quelques secondes. Au milieu de ces effroyables oubliettes, il existe cependant des chemins formés par le rapprochement des roseaux; ces chemins, les Indiens et les gens du pays les connaissent. A quels signes? C'est ce qu'ils auraient probablement grand'peine à expliquer eux-mêmes; mais le voyageur étranger n'a aucun moyen de se diriger sur ces étroites chaussées, et s'y engloutit presque infailliblement.

Outre ce danger, il en existe encore un autre. De place en place, au milieu de ces prairies, s'élèvent de petits massifs de ronces de quinze ou vingt pieds de circonférence. Si le voyageur, avant de s'y hasarder, regarde attentivement, il reculera effrayé, car, enroulés à ces ronces, il verra les anneaux multipliés des serpents inconnus aux prairies et qui n'habitent que ces îles de feuillages. Ces reptiles sont le mocanin d'eau, la vipère brune, le conge noir à tête rouge, trois serpents dont la blessure est mortelle et plus rapide peut-être dans ses effets que celle du serpent à sonnette.

Mais encore le voyageur mordu par eux sera-t-il privilégié sur celui qui tombera exposé à la queue de l'alligator ou à la dent du carvana.

Ces deux monstres se tiennent, comme nous l'avons dit, dans ces lacs de vase. A peine un cheval a-t-il perdu pied qu'il est perdu ; un instant, il se démène, l'œil en feu, la crinière hérissée, les naseaux ardents, dans cette boue où il ne peut nager ; puis, tout à coup, il frémit douloureusement : c'est qu'il se sent entraîné dans l'abîme par une force irrésistible. Alors, on le voit disparaître peu à peu, luttant contre un ennemi caché dont on aperçoit parfois seulement la queue recourbée et toute hérissée de rugosités et d'écailles qui luisent à travers la boue. C'est que le moyen d'attaque et de défense de l'alligator est dans son énorme queue, qui, courbée en demi-cercle, va rejoindre sa gueule. Malheur à qui, par imprudence ou par accident, se trouve à portée de cette terrible queue ! Le hideux animal fouette de cette queue la proie, quelle qu'elle soit, qu'il veut dévorer, et la pousse vers ses mâchoires, qui, au moment où la queue agit, sont béantes de toute leur grandeur et tournées de côté, afin de recevoir l'objet que la queue leur envoie et que ces terribles et irrésistibles mâchoires broient en un clin d'œil.

Et cependant, c'est de l'alligator que les planteurs du Texas, du Nouveau-veau-Mexique et des provinces environnantes tirent la graisse dont ils oignent les roues de leurs moulins.

C'est qu'au moment où se fait la chasse de l'alligator, c'est-à-dire vers le milieu de l'automne, ces animaux semblent venir se livrer d'eux-mêmes. Ils quittent leurs lacs de boue ou leurs rivières vaseuses pour prendre de plus chauds quartiers d'hiver. Alors ils creusent des trous sous les racines des arbres et eux-mêmes se couvrent de terre. Dans ce moment, ils s'engourdissent de telle façon qu'ils ne sont plus à craindre. Les nègres qui leur font la chasse leur séparent alors la queue du reste du corps d'un seul coup de hache, et encore à peine cette terrible section paraît-elle les réveiller. Cette première séparation accomplie, on les coupe en plusieurs morceaux que l'on jette dans d'immenses chaudières ; alors, au fur et à mesure que l'eau bout, la graisse monte à la surface, et un nègre la recueille avec une grande cuiller. Ordinairement un seul homme s'occupe du triple soin de tuer les alligators, de les faire bouillir et d'en recueillir la graisse.

On a vu des nègres tuer jusqu'à quinze alligators dans leur journée, sans qu'on ait jamais entendu dire qu'à cette époque de l'année, ils eussent reçu la moindre égratignure.

Quant au carvana, c'est autre chose : il est plus destructeur, plus terrible que ne l'a jamais été l'alligator; seulement, personne ne l'a jamais vu vivant, et il n'est bon à rien, lors même qu'on le verrait. Cependant, comme dans les dessèchements des lagunes, comme après des détournements de rivière, on en a retrouvé des morts, on sait à quoi s'en tenir sur leur forme : c'est une gigantesque tortue ayant une carapace de dix ou douze pieds de long sur six de large, avec la tête et la queue d'un alligator. Caché dans la vase comme le formicaléo est caché dans le sable, il attend sa proie au centre d'une espèce d'entonnoir, où ses mâchoires ouvertes sont toujours prêtes à saisir la proie que le hasard lui envoie.

C'est à ces monstres effroyables que

deux fois avait échappé Aluna en leur abandonnant son cheval qui avait disparu broyé dans la gueule invisible où il avait entendu craquer les os.

Un jour, cependant, des officiers du génie américain qui relevaient les distances qui existent entre le Mexique et la Nouvelle-Orléans, ayant vu un de leurs compagnons devenir victime d'un carvana, résolurent, de concert avec un cultivateur américain chez lequel ils étaient logés, et où se trouvait aussi Aluna, de tirer à quelque prix que ce fût un de ces monstres de l'abîme où ils vivent plongés. En conséquence, ils firent pour cette étrange pêche les préparatifs suivants :

L'ancre d'une petite chaloupe fut attachée à une chaîne de trente à quarante pieds de long; un agneau de quinze jours fut attaché comme appât à cette ancre. L'ancre et l'agneau furent jetés dans la vase, tandis que l'autre extrémité de la chaîne fut enroulée au pied d'un arbre.

Un nègre fut placé pour garder cette étrange ligne de fond.

Le lendemain soir il accourut en disant que le carvana avait mordu, et que les secousses qu'il donnait à l'ancre qu'il avait avalée selon toute probabilité, se communiquaient à la chaîne et ébranlaient l'arbre.

Il était trop tard pour rien tenter contre le carvana le même soir, et l'on fut obligé de remettre au lendemain matin de tirer le monstre de son vaseux repaire.

Le lendemain au point du jour chacun était au rendez-vous. On trouva la chaîne tellement tendue, que l'écorce de l'arbre où elle était enroulée se trouvait sciée par la violence de cette tension. Des cordes furent aussitôt amarrées à la chaîne, et à ces cordes on attela deux chevaux.

Les chevaux, aiguillonnés, fouettés, réunirent leurs efforts et essayèrent de tirer le carvana de l'abîme, mais ce fut inutilement : à peine avaient-ils faits un pas en avant qu'ils étaient, par une force irrésistible, ramenés en arrière. Alors, voyant que les chevaux étaient insuffisants, le fermier envoya chercher les deux plus forts bœufs de sa ferme; ils furent attelés à côté des chevaux, et, aiguillonnés à leur tour, un instant on eut l'espoir que leurs efforts auraient un résultat; un instant, à la surface de la vase agitée d'un tremblement sous-marin, on vit apparaître l'extrémité des mâchoires de l'animal ; mais tout à coup, l'ancre, arrachée violemment, bondit du marais sur le rivage. Une de ses ses pattes était cassée ; l'autre tordue, faussée, retournée, portait des fragments de la chair et de l'os de la mâchoire du monstre. Mais le monstre lui-même était resté invisible, et l'on avait pu deviner, au tremblottement de la vase, qu'il s'était enfoncé aussi profondément que possible dans l'abîme mouvant et infini.

Voilà quelles étaient les horribles créations auxquelles il avait été donné d'inspirer la terreur à notre compagnon Aluna, et encore le sentiment qu'il éprouvait en parlant de ces animaux presque fabuleux était-il plutôt un sentiment de dégoût que de terreur.

VI

Aluna.

(Suite et fin.)

Un autre jour, c'était au pied des montagnes Rocheuses, entre le pied de ces montagnes et un lac auquel aucun voyageur n'a encore eu l'idée de donner un nom, Aluna, poursuivi par une troupe d'Indiens peluchés, ayant le chien de sa carabine cassé, sentant faiblir sous lui son cheval, et comprenant qu'avec leurs chevaux frais, les Indiens finiraient par le rejoindre, résolut de profiter de la nuit qui arrivait rapidement pour leur échapper par un subterfuge auquel, s'il se trouvait jamais dans une situation extrême, il s'était promis d'avoir recours.

Le subterfuge était bien simple : il s'agissait de faire continuer la course à son cheval tout seul, et de rester en chemin ; dès lors, plus les Indiens se rapprocheraient du cheval, qui, débarrassé de son cavalier, redoublerait de vitesse, plus ils s'éloigneraient du cavalier.

En conséquence, il dirigea sa course vers un petit bois de pins, et, se débarrassant d'avance de ses étriers, au moment où il passait sous un de ces arbres, il saisit une forte branche à laquelle il resta suspendu ; le cheval continua son chemin. Aluna accrocha ses pieds à la même branche qu'étreignaient ses mains, et en un instant il fut au milieu de l'arbre.

Une douzaine de sauvages passa au grand galop. Aluna les vit et les entendit, mais aucun ne vit ou n'entendit Aluna.

Quand ils furent éloignés, quand le

bruit du galop se fût éteint, Aluna descendit et chercha un endroit où passer la nuit. Au bout de quelques instants, il trouva une de ces crevasses, si communes à la base des montagnes rocheuses ; elle communiquait à une grande caverne spacieuse mais sombre, puisqu'elle n'était éclairée que par le passage que venait de découvrir Aluna. Il s'y glissa comme un serpent, chercha et trouva une grosse pierre qu'il poussa contre l'ouverture, pour qu'un autre que lui, homme ou animal, n'eut pas l'idée de s'y introduire après lui, se roula dans son puncho, et au bout d'un instant, écrasé qu'il était de fatigue, s'endormit.

Si bien que dormît Aluna, surtout dans son premier sommeil, force lui fut de se réveiller pour s'occuper de ce qui se passait à l'extrémité inférieure de sa personne.

Ce que les chats font quelquefois contre un balai en le pétrissant de leurs ongles, un ou plusieurs animaux à ongles très aigus le faisaient contre les jambes d'Aluna.

Aluna secoua la tête, s'assura qu'il ne rêvait point, étendit la main et sentit deux jeunes jaguars de la grosseur d'un gros chat, lesquels, attirés sans doute par l'odeur de la viande fraîche, jouaient avec les jambes d'Aluna et enfonçaient leurs griffes à l'endroit où l'ouverture du pantalon laissait la jambe nue.

Il comprit aussitôt qu'il était entré dans une caverne qui servait de repaire à un jaguar et à ses petits, que la mère et le père étaient probablement en chasse et ne tarderaient pas à revenir, que, par conséquent, ce qu'il y avait de mieux à faire pour lui était d'en sortir au plus vite.

En conséquence, il ramassa son fusil, roula son puncho et s'apprêta à tirer à lui la pierre, afin de sortir au plus vite du piège où il s'était pris lui-même et de gagner le large.

Mais comme il mettait la main à la pierre, il entendit à cent pas à peine un rugissement qui lui annonçait qu'il était trop tard ; la jaguaresse revenait, et un autre rugissement qui retentit à vingt pas à peine lui apprit qu'elle revenait rapidement. En même temps, il sentit la secousse que l'animal donnait à la pierre pour rentrer dans la caverne.

Le petits, de leur côté, répondaient à ce rugissement de la mère par des espèces de miaulements pleins d'impatience et de menace.

Aluna avait son fusil; mais, nous l'avons dit, le chien de son fusil était cassé ; l'arme était donc hors de service.

Cependant Aluna trouva un moyen de l'utiliser.

Il s'appuya le dos à la pierre pour la maintenir où elle était, malgré les efforts de la jaguaresse, et, avec autant de promptitude qu'il lui fut possible, se mit à charger son fusil.

Si simple que fût cette opération dans les circonstances ordinaires, elle se compliquait, dans la situation présente, d'une terrible préoccupation.

A deux pieds de lui, derrière la pierre ébranlée à tout moment par ses secousses, rugissait la jaguaresse ; il sentait son souffle puissant arriver jusqu'à lui, quand elle introduisait sa tête dans l'intervalle que laissait en certains endroits la pierre mal jointe à la muraille. Une fois même il sentit à son épaule l'atteinte de la griffe de la jaguaresse.

Mais rien ne détournait Aluna de

l'opération importante qu'il accomplissait.

Son fusil chargé, Aluna battit le briquet afin d'allumer un morceau d'amadou. A chaque étincelle qui jaillissait de la pierre, il entrevoyait l'intérieur de la caverne, toute jonchée des ossements des animaux dévorés par les deux jaguars; puis, au milieu de ces ossements, les deux petits qui le regardaient et qui tressaillaient à chaque étincelle.

Pendant ce temps, la mère continuait de faire rage contre la pierre qui bouchait l'entrée.

Mais Aluna avait chargé son fusil, Aluna avait allumé son amadou : c'était à son tour de se faire agresseur.

Il se retourna en maintenant toujours de son mieux la pierre avec le poids de son corps ; puis, à son tour, il glissa le canon de sa carabine par l'intervalle où la jaguaresse avait glissé sa tête et sa patte.

En voyant cet objet inconnu qui s'approchait d'elle et la menaçait, la jaguaresse le saisit avec ses dents, essayant de le broyer comme elle eût fait d'un os.

C'était l'imprudence sur laquelle avait compté Aluna. Il approcha de l'amorce son morceau d'amadou allumé, le coup partit, et la jaguaresse avala la charge, plomb, poudre et feu.

Un rugissement étouffé suivi d'un râle d'agonie indiquèrent à Aluna qu'il était débarrassé de son ennemi.

Il respira.

Mais la trêve fut courte. Comme il se relevait sur son genou, un rugissement nouveau, plus terrible que les autres se fit entendre : c'était le jaguar qui accourait aux cris de sa femelle.

Heureusement, il arrivait trop tard pour combiner ses efforts avec les siens, mais il arrivait à temps pour donner une nouvelle besogne à Aluna.

Au reste, la chose lui avait si bien réussi la première fois, qu'il n'avait nullement l'intention d'adopter un autre plan de campagne. Il se prépara donc à traiter exactement le jaguar comme il avait traité la jaguaresse.

En conséquence, il appuya de nouveau son dos à la pierre et commença de recharger sa carabine.

Le jaguar s'était arrêté un instant près

de sa femelle morte ; il avait rugi lamentablement ; puis, après cette espèce d'oraison funèbre, il s'était rué contre la pierre.

Ce à quoi Aluna avait, de son côté, répondu par un grognement qui se pouvait interpréter par ces paroles :

— Va, mon ami, va, tout à l'heure nous allons causer de nos petites affaires.

En effet, la carabine chargée, Aluna s'apprêtait à battre le briquet, quand il s'aperçut que dans les mouvements un peu précipités qu'il venait de faire, il avait perdu son amadou.

La situation était grave; sans amadou, point de feu ; sans feu, pas de moyen de défense. La carabine, réduite à sa plus simple expression, était un tube de fer creux qui pouvait, à la rigueur, servir de massue, et voilà tout.

Aluna allongea inutilement les mains à droite et à gauche; il ne sentit rien. Il ramassa vainement avec ses pieds tout ce qui était à la portée de ses pieds ; il ne ramassa que des pierres et des ossements.

Pendant ce temps, la pierre éprouvait des secousses terribles : le jaguar soufflait bruyamment dans les intervalles ; sa patte s'allongeait et caressait de temps en temps l'épaule du chasseur, sur le front duquel la sueur commençait à perler.

Était-ce d'impatience, était-ce de crainte ? Aluna, qui était très franc, avouait que c'était de l'une et de l'autre.

Enfin Aluna reconnut que toute recherche était inutile, et que s'il devait retrouver son amadou, ce ne serait qu'au jour.

Il avisa alors un autre moyen. Nous avons dit que la carabine ne lui pouvait plus servir que de massue ; nous nous trompions, elle pouvait encore lui servir de lance.

Il ne s'agissait pour cela que d'assujétir d'une façon solide le couteau mexicain d'Aluna à l'extrémité de sa carabine.

C'était chose facile : le chasseur des prairies porte toujours sur lui la courroie à l'aide de laquelle, s'il a besoin de passer la nuit sur un arbre, il s'attache, soit à une branche, soit au tronc de cet arbre. Il lia vigoureusement son couteau à l'extrémité du canon de sa carabine, et l'arme fut faite.

Alors Aluna se retourna et appuya son épaule à la pierre, afin que, dans le mouvement qu'il opérait, le rempart qui faisait sa sûreté ne se dérangeât point.

Aux secousses imprimées à la pierre, Aluna jugeait qu'il avait affaire à un ennemi de première force.

Enfin, il prit sa belle, et, au moment où le jaguar se précipitait contre l'obstacle qu'il tentait de briser de son côté, Aluna poussa sa carabine comme un soldat qui charge à la baïonnette. Le jaguar poussa un rugissement. Quelque chose craqua ; la carabine, arrachée de la main de son maître, roula à deux pas de lui, et l'animal s'éloigna en hurlant.

Aluna ramassa sa carabine, l'examina. Le couteau était brisé aux deux tiers de la lame, ne laissant qu'un tronçon d'un pouce et demi au manche ; le reste était demeuré dans la plaie qu'il avait faite.

De là venait le hurlement, de là venait la fuite du jaguar.

Cette fuite, Aluna en avait grand besoin ; elle lui donnait un moment de trêve, car il commençait à être au bout de ses forces.

Il en profita d'abord pour se débarrasser des deux petits jaguars qui l'avaient fort tracassé de leurs égratignures, tandis qu'il avait affaire au père et à la mère. Il les prit l'un après l'autre par les pattes de derrière et leur brisa la tête contre les parois de la cabane.

Puis, comme il avait grand soif et pas d'eau, il but le sang d'un des deux petits.

Ce qui effrayait surtout Aluna, c'était le besoin de sommeil qu'il commençait à ressentir : il savait très bien qu'au bout d'un certain temps, ce besoin devient si absolu qu'il faut y céder. Or, pendant son sommeil, le jaguar, éloigné momentanément, pouvait revenir, repousser la pierre ou se frayer une ouverture à côté, et, dans l'un ou l'autre cas, tomber à l'improviste sur le dormeur et le dévorer.

Quant à sortir, il n'y fallait pas songer : l'animal pouvait être embusqué dans les environs et sauter à l'improviste sur le fugitif.

Il résolut de dormir dans la situation où il était, c'est-à-dire le dos appuyé à la pierre qui fermait l'entrée de la cabane; de cette façon, au moindre mouvement imprimé à la pierre, il serait réveillé.

La pierre ne remua pas, et Aluna dormit parfaitement tranquille jusqu'à deux heures du matin à peu près.

A deux heures du matin, il rouvrit les yeux, réveillé par un bruit qu'il entendait sur un autre point de la caverne, où il avait cru remarquer déjà une gerçure. Effectivement, un actif grattement se faisait entendre, et de petites pierres tombant comme une pluie de grêle indiquaient que sur ce point s'opérait un travail extérieur. Malheureusement, la chose se passait cette fois à la voûte, élevée d'une dixaine de pieds, et Aluna ne pouvait y mettre aucune opposition.

Il jeta les yeux sur sa carabine. Inutile comme arme à feu, inutile comme lance, elle pouvait encore lui servir comme massue.

Seulement, il fallait en ce cas se servir du canon seul pour ne pas briser inutilement la crosse et mettre ainsi l'arme hors de tout service.

Il détacha vivement le couteau de l'extrémité du canon, et avec ce qui restait de la lame, il dévissa le bois et les platines, restant armé du lourd canon seulement.

Puis l'œil fixe, le cœur battant, les bras levés, il attendit.

Au reste, il était évident qu'il n'avait pas longtemps à attendre. Les pierres tombaient plus nombreuses et plus grosses. On entendait le souffle de l'animal à travers les interstices du plafond. Bientôt on aperçut le jour ou plutôt la nuit.

La nuit, éclairée par la lune qui dardait verticalement ses rayons au-dessus du trou que perçait le jaguar.

De temps en temps, ce trou, à travers lequel Aluna apercevait le ciel tout resplendissant d'étoiles, se trouvait hermétiquement bouché ; l'animal, pour voir s'il devenait praticable, y fourrait sa tête. Alors le rayon de lumière se trouvait intercepté, et au lieu et place de ce rayon de lumière, au lieu et place de ces étoiles scintillantes, brillaient, comme deux escarboucles, les deux yeux enflammés du jaguar.

Peu à peu, le trou s'agrandit. Après y avoir passé la tête, l'animal y introduisit les épaules ; puis enfin la tête, les épaules et tout le corps passèrent, et l'animal, s'élançant de l'extérieur, tomba silencieusement sur ses quatre pattes en face d'Aluna.

Heureusement, la lame du couteau qui lui était restée dans l'épaule l'empêcha de rebondir immédiatement à la gorge d'Aluna. Il eut un moment d'hésitation ou de douleur; ce moment suffit à son adversaire.

Le canon de la carabine s'abattit sur la tête du jaguar, qui roula étourdi.

Aussitôt Aluna s'élança sur lui, et avec le tronçon du couteau, lui coupa la veine du cou.

La vie et la force s'écoulèrent par cette ouverture.

Il était temps. Aluna tombait lui-même écrasé de fatigue. Il traîna l'animal dans un endroit écarté de la caverne où il s'était aperçu que le sol était formé de sable doux, et, se faisant un oreiller de son flanc palpitant encore, il s'endormit pour ne se réveiller que bien longtemps après le jour.

VII

Le Sacramento.

Cette vie, au reste, qui a tant d'attraits par son indépendance pour les hommes du pays qui y consacrent parfois toute leur existence, avait aussi pour nous des charmes inexprimables. Il est vrai que c'était une terrible fatigue que d'aller deux fois par semaine à San-Francisco pour y vendre le produit de notre chasse. Mais nous n'y songions pas, ou plutôt nous l'acceptions, étant largement, dans le commencement surtout, récompensés de cette fatigue par le résultat.

Ce résultat était trois cents et quelquefois quatre cents piastres par semaine.

Le premier mois nous eûmes, tous frais faits, chacun quatre cents piastres net de bénéfices; mais pendant les deux derniers, et surtout pendant la dernière semaine, où nous ne fîmes que cent cinquante piastres, la baisse nous prouva que la spéculation était arrivée à son terme.

Nos chasses, d'un côté, commençaient à dépeupler le canton, et de l'autre côté les animaux chassés s'éloignaient, allant chercher vers le lac Laguna et du côté des Indiens Kinglas des cantons où ils fussent moins tourmentés.

Nous résolûmes donc d'essayer une chose, c'était de nous enfoncer un peu plus loin nous-mêmes, vers le nord-est et de porter un jour le produit de notre chasse à Sacramento-City.

Une fois arrivés-là, nous nous informerions si les placers du Sacramento valaient mieux que ceux du San-Joaquin, et si la rivière Yong, la rivière Yaba ou la rivière de la Plume étaient préférables au camp de Sonora, au Passo del Pino et au Murphys.

Donc, lorsque nous vîmes le canton dépeuplé, nous mîmes ce projet à exécution, et abandonnant notre barque à Sonoma, nous nous avançâmes vers la fourche américaine.

Nous franchîmes donc la chaîne des monts californiens, en marchant de l'ouest à l'est; et après un jour et demi de chasse, notre pauvre cheval, pliant sous le gibier, nous nous trouvâmes sur les bords du Sacramento.

Nous longeâmes le bord du fleuve pendant deux ou trois heures; un bateau de pêcheurs de saumons vint nous prendre, et moyennant quatre piastres, nous passa sur l'autre rive, nous et notre gibier.

Quant à notre cheval, quoique le fleuve eut à cet endroit près d'un quart de mille, il passa à la nage.

Nous nous informâmes aux pêcheurs

de l'état des mines. Ils ne pouvaient pas nous donner de renseignements bien positifs, mais ils avaient entendu dire que les Américains ruinaient tout par leurs brigandages.

Cela ne nous étonna point, Tillier et moi, qui avions vu un échantillon de leur savoir-faire sur le San-Joaquin.

Quant à Aluna, il se contenta de hausser les épaules et d'allonger les lèvres ; ce qui voulait dire :

— Ah ! par ma foi, j'en ai vu bien d'autres.

Aluna détestait les Américains, et les croyait capables de toutes sortes de crimes. Il avait toujours à raconter sur eux une série d'histoires de coups de couteau et de coups de pistolet innocentés par les jurés avec une impudence ou une bêtise toute bridoisonnienne (1).

(1) Au reste, les dernières nouvelles reçues de San-Francisco donneraient assez raison à Aluna. Ne lisons-nous pas dans les journaux du 50 mai 1851 :

« La justice ordinaire ne semble pas assez expéditive aux nouveaux colons. Ils suppléent quelquefois à ses lenteurs en constituant d'office des tribunaux en plein vent pour juger les cas de flagrant délit.

« La foule choisit parmi les assistants un jury dont les décisions sont sans appel ; s'il prononce à l'unanimité la condamnation du prévenu, l'arrêt est exécuté à l'instant même. La pendaison est la peine la plus communément dictée par cet étrange et redoutable tribunal Sept condamnations de ce genre ont été prononcées contre des voleurs de bestiaux et exécutées dans l'espace de quinze jours sans que l'autorité ait cru pouvoir intervenir pour réprimer les excès de zèle de cette justice populaire.

« Lorsque des circonstances atténuantes sont admises,

Nous poussâmes jusqu'à Sacramento-City et même jusqu'au fort Sutter pour nous assurer de la réalité de ces bruits. On nous y confirma ce que nous avaient dit les pêcheurs de saumon : les mines étaient en pleine révolution.

Nous craignîmes de perdre le peu que nous avions amassé avec tant de peine, et nous revînmes sur nos pas en descen-

la pendaison est remplacée par la flagellation, et la sentence ne manque pas d'exécuteurs de bonne volonté. On voit que la barbarie a passé par là.

« Cependant il suffit d'un seul vote favorable au prévenu pour faire surseoir au jugement définitif. Un artiste dramatique du nom de Fayolle ayant été naguère blessé à l'épaule d'un coup de pistolet en pleine rue, l'auteur de cette criminelle aggression fut arrêté par la foule indignée, qui constitua immédiatement un jury et lui déféra la cause. Onze jurés sur douze s'étant prononcés pour la condamnation, l'affaire fut remise à huitaine. »

dant le Sacramento sur une barque que nous louâmes moyennant 40 piastres.

En arrivant à Sacramento-City, nous avions vendu notre gibier 80 dollars, car du côté de la fourche américaine, on compte par dollars, tandis que sur le San-Joaquin, on compte par piastres. Nous n'avions donc pas entamé notre capital.

La barque que nous avions louée appartenait à des pêcheurs de saumon. Ils étaient obligés de nous mettre à terre quand nous voulions, pourvu toutefois que nous ne missions pas plus de quatre jours à descendre de Sacramento-City à Benicia, au-delà de la baie Suiron.

Aluna suivait sur la rive gauche avec son cheval.

La vallée du Sacramento est une des plus magnifiques qui se puissent imaginer, bornée comme elle est, à l'est, par la Sierra-Nevada, à l'ouest, par les monts californiens, au nord, par le mont Sharte.

Elle s'étend du nord au sud dans un espace de deux cents milles.

Dans l'époque de la fonte des neiges, le Sacramento déborde et monte jusqu'à la hauteur de huit à neuf pieds. C'est ce qu'il est facile de constater par les traces de limon restées aux troncs des arbres.

C'est ce limon qui, pareil à celui du Nil, restant sur les rives du Sacramento, donne une nouvelle vigueur à la végétation.

Les arbres qui bordent son cours sont surtout les chênes, les saules, les lauriers et les pins.

Du cours du fleuve, on aperçoit sur

les deux rives des troupeaux de bœufs, des cerfs et même des chevaux sauvages.

Dans certains endroits, le Sacramento a un demi-mille de large ; sa profondeur ordinaire est de trois à quatre mètres, ce qui fait qu'on peut le remonter avec des bâtiments de 200 tonneaux.

Le Sacramento contient une innombrable quantité de saumons qu'il disperse libéralement dans tous ses affluents. Les saumons quittent la mer au printemps et remontent le fleuve par troupes pendant cinquante milles, en suivant le cours principal, et ne trouvent aucun obstacle. Mais, au-delà, soit qu'ils suivent toujours le Sacramento, soit qu'ils s'aventurent dans ses affluents, ils rencontrent des estacades faites par les Indiens, ou des barrages faits par les cultivateurs pour quelque besoin de culture, ou même par les chercheurs d'or, pour quelque caprice d'exploitation.

Alors on voit ces poissons faire des efforts inouïs pour franchir ces estacades ou ces barrages. S'ils rencontrent quelque tronc d'arbre ou quelque rocher qui leur puisse servir d'appui, ils s'en approchent, l'abordent, se couchent dessus, se courbent en arc, puis se redressent avec violence, bondissent quelquefois à douze ou quinze pieds de haut et à autant de pieds de distance.

Or, leur bond est toujours calculé de manière à aller retomber dans le cours d'eau supérieur qu'ils veulent atteindre.

En arrivant à la jonction du Sacramento avec le San-Joaquin, on rencontre une douzaine d'îles basses et boisées, remplies de lagunes impraticables et couvertes de *tula*, végétation que l'on rencontre dans toutes les parties basses et humides du pays.

Les amateurs d'oiseaux d'eau peuvent en faire là une collection ; elles sont couvertes de canards, d'oies, de cormorans, de cigognes, de martins-pêcheurs et de pies de mille espèces et de mille couleurs.

En quatre jours nous étions à Benicia. Nous réglâmes nos comptes avec nos pêcheurs, et nous gagnâmes, en chassant à travers la prairie, le ranch du Sonoma, où nous attendait notre barque.

La même nuit nous rentrâmes à San-Francisco après six semaines d'absence.

VIII

La Chasse à l'ours.

Nous retrouvâmes Gauthier et Mirandole encore assez malades, commercialement parlant, du dernier feu. Ils avaient presque autant perdu dans leur simple déménagement que les autres dans l'incendie.

Le lendemain de notre arrivée, nous rencontrâmes un de nos amis, nommé Adolphe, qui demeurait dans un ranch, entre la baie de San-Francisco et les monts californiens. Il nous invita à venir passer un jour ou deux chez lui, nous promettant de nous faire assister à une belle chasse à l'ours qui devait avoir lieu le lendemain ou le surlendemain.

Nous acceptâmes et nous nous rendîmes chez lui. Pendant ces deux jours, nous aurions le temps de nous consulter, Tillier et moi, sur le nouvel état que nous comptions adopter.

La chasse promise fut pour le lendemain du jour où nous étions arrivés.

L'ours dont il s'agissait était un ours gris, l'*ursus terribilis.* Depuis plusieurs jours il descendait des montagnes de sapins, et ne se contentait plus de manger les petits roseaux qui accompagnent le cours des ruisseaux et dont ils sont très friands : il emportait des pièces de bétail, au grand détriment des habitants des ranchs, aussi les habitants des ranchs s'étaient-ils réunis contre l'ennemi commun, et comme ils étaient tous Mexicains, il avait été décidé qu'on prendrait l'animal au lazzo.

Aluna, dont l'adresse à cette chasse étoit bien connue, avait été mis à la tête de l'expédition.

Une trentaine de chasseurs s'embusquèrent, hommes et chevaux, se tenant prêts à se porter secours les uns aux autres.

Au point du jour, l'ours descendit; les chasseurs avaient le vent contre eux, et un ours de moindre taille ou de plus doux caractère ne se fût pas laissé prendre à cette apparence inoffensive de la peur. Celui dont il est question s'arrêta, se dressa sur ses pattes de derrière, prit le vent, et reconnut si bien qu'il y avait là quelque péril caché, qu'il alla droit au premier groupe d'arbres où se tenait caché le premier chasseur.

Ce premier chasseur était notre ami Aluna, qui accepta bravement le combat, qui sortit de son groupe d'arbres et qui marcha droit à lui.

Arrivé à trente pas de l'ours, il lui envoya le lazzo, qui s'enroula autour de son cou et d'une de ses pattes, puis, nouant l'extrémité du lazzo au pommeau de sa selle, il cria à ses compagnons :

— A vous, maintenant, nous le tenons !

L'ours était resté un instant étourdi de cette brusque attaque à laquelle il ne paraissait trop rien comprendre.

Il avait reçu un coup sans éprouver une douleur, et paraissait regarder avec étonnement, mais sans inquiétude, ce premier fil dont il était enveloppé.

Trois ou quatre autres lazzos furent

lancés presque en même temps dans des directions différentes. Tous atteignirent l'animal et l'enveloppèrent plus ou moins étroitement.

Alors l'ours voulut se lancer sur les chasseurs ; mais tous mettant leurs chevaux au galop, commencèrent à fuir devant lui, qui, tout empêtré de ses liens, éprouvait quelque difficulté à les poursuivre, tandis que les autres chasseurs, sortant à leur tour de leur cachette, l'enveloppaient d'un nouveau réseau.

En un instant l'ours eut trente lazzos

autour de lui, et sembla pris dans un filet.

Alors il comprit qu'il n'y avait pas à lutter contre cette déloyale attaque, et, commençant sans doute à regretter d'avoir quitté sa montagne, il essaya d'y retourner.

Mais pour cela il lui fallait la permission des chasseurs.

Un instant il essaya de s'en passer, un instant on put croire qu'il en viendrait à bout.

Un instant les trente cavaliers et les trente chevaux furent entraînés pendant cinquante pas, et obligés de suivre l'impulsion qu'il leur donnait.

Mais tous réagirent en même temps, et avec des cris d'encouragement mêlés de coups d'éperons, ils parvinrent à reprendre le dessus.

C'était quelque chose d'effrayant à voir que la force résistante de cette masse, qui, entraînée un instant, saisissait l'appui du premier obstacle, et, seul contre tous, entraînait à son tour.

Ses yeux semblaient deux sources d'où coulait le sang ; la gueule semblait, comme celle de la Chimère, jeter des flammes ; ses rugissements retentissaient à une lieue à la ronde.

Enfin, après non pas une chasse, mais un combat d'une heure, l'animal céda : il se laissa traîner jusqu'au ranch de don Castre, où, tout étourdi, il fut tué à coups de fusil.

. Il pesait onze cents, le double d'un bœuf ordinaire. Il fut partagé entre tous les chasseurs.

Une portion de la viande fut vendue au marché de San-Francisco à raison de une piastre la livre; elle avait été achetée trois francs par les bouchers.

Cette chasse, qui rappelait à Aluna les beaux jours de sa jeunesse, lui donna l'idée de nous proposer d'aller chasser l'ours dans la Mariposa et de ne rentrer à San-Francisco que vers la mi-septembre.

Nous acceptâmes la proposition, et dès le même soir, revenant à la ville, nous nous mîmes en mesure de l'exécuter le plus tôt possible.

IX

La Mariposa.

C'étaient de nouvelles dispositions à prendre. Ce n'était plus une barque qu'il nous fallait, c'était une voiture et un second cheval. Nous vendîmes notre barque, et pour le même prix à peu près nous eûmes l'une et l'autre.

Nous avons déjà parlé des présidios et des ranchos, que nous avons appelés, nous, des présides et des ranchs. Les présidios, nous l'avons dit, je crois, sont de petits forts où l'on met quelques soldats. Les ranchos sont des espèces de fermes ; ils prennent le nom de rancheria lorsque quelques chaumières se joignent à elles de manière à en faire un hameau.

Il nous reste à expliquer ce que c'est que les missions et les puéblos.

Les missions étaient de grands établissements dans lesquels on recevait les sujets indiens qui désiraient s'instruire dans la foi chrétienne, et qui, une fois instruits dans la foi, devaient se livrer à un travail quelconque.

Qui a vu une mission les a vues toutes; c'est, en général, un grand bâtiment carré, qui contient un plus ou moins grand nombre de cellules percées d'une fenêtre et d'une porte. A l'angle du bâtiment s'élève d'habitude l'église et son clocher, et des arbres et une fontaine d'eau vive entretiennent la fraîcheur dans la cour.

Toutes ces missions sont, en général, des missions de capucins. Chacune d'elles est dirigée par deux religieux : l'un instruit les néophytes à la science morale, l'autre les exerce aux travaux matériels.

Il y a dans l'intérieur de l'établissement des forges, des moulins, des tanneries, des savonneries, des menuiseries, des charpenteries. Tout cela est distribué de manière à laisser sur la façade principale un logement aux moines et des chambres pour les étrangers, et dans les autres parties du bâtiment, des écoles, des magasins de vivres et des infirmeries.

Tout autour de l'établissement s'étendent les jardins ; au-delà des jardins, les huttes des indigènes, huttes d'ordinaire bâties en paille et en jonc.

Les Indiens de leur mission étaient nourris à la mission. Quoique les capucins ne passent pas pour des cuisiniers bien remarquables, comme il n'y avait pas moyen de faire la quête dans le désert, ils préparaient eux-mêmes leur nourriture et celle des Indiens. Cette nourriture se composait de galettes de maïs, de bœuf ou de mouton bouilli et de fruits de toute espèce.

On ne buvait pas de vin; celui qui se fabriquait dans l'intérieur de la mission ou que l'on faisait venir des villes était réservé pour les malades ou destiné aux étrangers.

C'était volontairement que l'on instruisait les néophytes et les ouvriers. Tout, dans ces établissements, était dû à la persuasion, rien à la force.

Quant aux puéblos, ce sont de véritables villages, composés, dans l'origine, par les soldats qui avaient fini leur temps aux présidios, et à qui on accordait, en échange de leur service, une certaine quantité de terrain, qu'ils étaient libres de prendre où ils voulaient, pourvu que le terrain sur lequel ils jetaient les yeux fût libre.

Ce terrain, chacun l'exploitait à sa façon.

Toute la Californie ne comptait que quatre puéblos : Nostra-Senora de los

Angeles, Santa-Barbara, Franciforte et San-José (1).

Le jour de notre départ, nous allâmes coucher au puéblo de San-José, situé au centre d'une magnifique vallée sur le Guadalupe, petite rivière qui descend des monts californiens et qui va se jeter au fond de la baie de San-Francisco. Il est à quatre lieues de distance de la mission de Santa-Clara, qui se relie à lui par une belle chaussée toute ombragée de chênes verts.

(1) Ferry.

Ces chênes ont autrefois été plantés par les religieux, dans l'intention que, devenus grands, ils protégeassent de leur ombre les fidèles qui, du puéblo San-José allaient entendre la messe à Santa-Clara.

C'est en 1777 ou 1778 que le puéblo San-José fut bâti. Six cents habitants à peu près le peuplaient en 1848, c'est-à-dire avant la découverte de l'or ; ils occupaient cent ou cent cinquante maisons de briques, éparpillées autour de deux places plantées d'arbres magnifiques.

Aujourd'hui, ou plutôt à l'époque où

nous allâmes coucher au puéblo, il se composait d'un millier de maisons à deux ou trois étages, et la population, qui avait monté jusqu'à cinq mille âmes, s'augmentait encore tous les jours.

Il en résulte qu'au lieu d'y donner, comme autrefois, le terrain pour rien, on commence, au contraire, à le vendre fort cher.

Au mois d'octobre 1849, il avait été question de faire du puéblo San-José la capitale de la Californie, et cette proposition, faite par la convention californienne, n'avait pas peu contribué à augmenter le nombre des habitants et à élever le prix des terrains.

En attendant, on venait d'achever, lors de notre arrivée, ou l'on achevait sur la grande place un palais législatif.

Il en résulte que le puéblo San-José, communiquant avec la baie de Santa-Clara par le rio Guadalupe, et étant situé entre San-Francisco et Monterey, est la seconde ville du royaume.

Le puéblo de San-José a sa mission

fondée en 97, et située à quinze milles au nord, au pied d'une petite chaîne de montagnes appelée los Bolbones, et qui ne sont rien autre chose qu'un chaînon détaché des grands monts Californiens.

Pendant les quelques heures que nous stationnâmes au puéblo San-José, nous prîmes des informations, et nous vîmes avec plaisir que nous pourrions y vendre notre gibier presque aussi avantageusement qu'à San-Francisco.

Dès le lendemain nous partîmes et remontâmes directement vers les monts Californiens.

Nous n'eûmes pas besoin de nous avancer au-delà d'une journée pour qu'Aluna remarquât la présence des ours à deux signes certains.

D'abord, à la trace qu'ils laissaient sur les terrains sablonneux ; ensuite, à la façon dont étaient fauchés les roseaux, dont ils sont très friands, et qui poussent au bord des petites rivières.

Nous dressâmes la maison et nous attîmes la nuit.

Nous avions un apprentissage à faire de cette nouvelle chasse. Aluna nous y initia dans une nuit.

Nous nous mîmes à l'affût tous trois l'un près de l'autre, Aluna avec son lazzo et sa carabine ; nous, avec nos fusils à deux coups et leurs baïonnettes.

Aluna avait eu soin de s'appuyer à un jeune chêne de la grosseur de la cuisse.

Ainsi postés, nous attendîmes.

Deux heures après, un ours descendit

de la montagne et passa à vingt pas de nous ; c'était un ours noir de petite taille et pouvant peser deux cent cinquante à trois cents livres.

Aluna lui jeta le lazzo, qui l'enveloppa trois ou quatre fois, puis immédiatement il arrêta l'extrémité opposée à l'arbre, prit sa carabine, courut à l'ours et, tandis qu'il se débattait dans cet étrange piége, il le tua d'une balle dans l'oreille.

Ceci était une façon toute particulière de chasser l'ours applicable à Aluna, mais qui, par notre ignorance de jeter le lazzo, ne pouvait être à notre usage. Aluna, après nous avoir montré comment il s'y prenait, nous montra donc comment nous devions nous y prendre.

Pour nous, la chose était encore plus simple.

Notre ours mort, éventré, vidé, mis à l'abri des chacals par sa suspension à une branche, nous allâmes à pas de loup et en ayant soin de conserver l'avantage du vent, chercher un autre poste.

Le poste ne fut pas difficile à trouver.

Aluna nous arrêta dans un endroit qui lui parut favorable, remit entre mes mains son lazzo et sa carabine et prit mon fusil à deux coups.

Aluna se faisait moi pour me montrer comment je devais m'y prendre.

Au bout d'une heure d'attente un ours descendit.

Celui-ci s'arrêta pour boire à trente pas de nous à peu près.

Aluna l'ajusta en nous disant :

— A la façon dont cet imbécile se présente, je pourrais le tuer d'un seul coup; mais je vais le blesser seulement, comme vous ferez, vous, pour vous montrer ce que vous avez à faire.

En effet, au même moment le coup partit. L'ours, atteint à l'épaule, poussa un rugissement, regardant d'où lui venait cette douleur. Aussitôt Aluna se montra et marcha sur lui.

L'ours, de son côté, en apercevant son adversaire, au lieu de fuir, fit quelques pas à sa rencontre; puis, arrivé à cinq ou six pas d'Aluna, se dressa sur ses pattes de derrière, s'apprêtant à l'étouffer.

Aluna saisit le moment, l'ajusta à la poitrine et fit feu presque à bout portant.

L'ours roula comme une masse.

— Voilà ce que c'est, nous dit-il. Si, par malheur, vous le manquez du second coup ou que votre fusil rate, il vous reste la baïonnette. A la première occasion, je vous montrerai à vous en servir; mais, pour cette nuit, en voilà assez. D'ailleurs les ours doivent savoir maintenant ce que c'est que les coups de fusil; ils en ont entendu trois : ils ne viendront plus.

Le lendemain, nos deux ours étaient transportés au puéblo San-José et s'y vendaient cent piastres la pièce.

La nuit suivante, nous faisions notre première expérience.

Le hasard me servit : l'ours descendit à quinze pas de nous à peine. Nous

nous tenions, Tillier et moi, prêts à nous secourir l'un l'autre. L'ours s'arrêta et, trouvant une touffe de roseaux qui lui parut agréable, se dressa sur ses pattes de derrière, embrassa de ses pattes de devant la touffe de roseaux comme un moissonneur fait d'une gerbe de blé; il se mit à la manger, en inclinant la tête, pour en faucher d'abord les pousses les plus tendres.

Ainsi placé, il nous présentait la poitrine à découvert.

La balle pénétra au-dessous de l'épaule. L'ours chancela, roula dans le ruisseau, essaya de se relever, mais inutilement : il ne put jamais atteindre ni l'un ni l'autre des deux escarpements qui faisaient le bord.

Au bout de cinq minutes, il entra en agonie et mourut poussant des rugissements qui, si la tradition eût été vraie, eussent dû faire accourir tous les ours des monts Californiens.

Dès lors, notre apprentissage était fait, et nous n'y songeâmes plus.

Pendant la journée, et quand nous

n'étions pas trop fatigués, nous nous livrions à des chasses ordinaires. Dans ces chasses-là, nous rencontrions du chevreuil, des lièvres, des perdrix. Les cerfs étaient beaucoup plus rares que du côté de Sonoma; nous n'en tuâmes qu'un seul, et encore, à mon grand étonnement, je m'aperçus qu'il était coupé.

J'appelai Aluna pour lui faire part de ce phénomène; mais il me dit qu'il arrivait souvent que les hommes des ranchos prenaient de petits cerfs et leur faisaient cette opération, puis les lâchaient dans la campagne.

Alors l'opération portait ses fruits ; le cerf engraissait et donnait au chasseur qui avait la chance de le rencontrer plus tard une chair qui lui offrait la même différence relative qu'il y a entre celle du bœuf et du taureau.

Dans la même chasse où je tuai le cerf, je tuai un magnifique serpent blanc et azur ; il était roulé dans une touffe de lupins, et, la gueule ouverte au milieu des charmantes fleurs bleues qui couronnent cet arbuste, il semblait attirer à lui un écureuil gris, qui, comme fasciné par la fixité de son regard, descendait, en criant, de branche en branche.

J'envoyai une balle dans la tête de l'énorme reptile, qui se tordit en sifflant. Le charme fut rompu : l'écureuil bondit en un instant des branches du milieu aux branches supérieures, et de l'arbre où il était sur un arbre voisin.

Quant au serpent, ignorant s'il était venimeux ou non, j'eus le soin de me tenir à distance de lui; mais il avait trop à faire pour s'occuper de moi.

La balle lui avait enlevé toute la partie

supérieure de la tête, un peu derrière les yeux.

Aluna le reconnut pour être de la race des boas, c'est-à-dire sans venin.

Il avait trois mètres passés de long.

La destruction de ce reptile et une rencontre avec les Indiens Tatchés qui voulaient nous enlever notre voiture et nos deux chevaux, fut tout ce qui nous arriva de remarquable dans la période d'un mois que nous restâmes dans les monts Californiens.

Aluna étrangla un Indien avec son lazzo; nous en blessâmes un autre d'un coup de fusil.

Eux, de leur côté, nous tuèrent un de nos chevaux d'un coup de flèche.

Heureusement c'était celui que nous venions d'acheter et non le cheval d'Aluna.

Ces flèches sont de roseau, empennées d'un mètre à peu près de longueur; à six pouces de leur extrémité, un roseau plus petit s'emboîte dans la partie supérieure ; il en résulte que lorsqu'on veut retirer la flèche du corps de l'homme ou de l'animal, la partie mobile reste dans la plaie et la partie supérieure vient seule.

Il est bien rare que la présence de ce corps étranger dans la blessure, dont il est presque impossible de l'extraire, ne donne pas la mort.

La pointe des flèches est armée d'un morceau de verre aigu et tranchant.

J'ai rapporté cinq ou six de ces flèches

que nous retrouvâmes sur le champ de bataille.

Elles avaient été tirées contre nous, mais aucune ne nous avait touchés.

Au reste, au bout d'un mois il arriva de ce côté de San-Francisco ce qui était arrivé de l'autre, c'est que nous avions dépeuplé le pays ou que le gibier avait remonté ou plutôt était descendu vers la vallée des Tulares, c'est-à-dire à une trop grande distance de San-Francisco ou même du puéblo San-José, pour y arriver frais.

C'était encore une industrie à sec ; force nous fut donc de revenir à San-Francisco.

D'ailleurs, j'en étais à peu près arrivé à ce que je voulais.

X

Je me fais garçon de restaurant, pour faire mon apprentissage de marchand de vins.

Ce que je voulais, c'était de prendre un petit établissement à San-Francisco.

L'état de chercheur d'or serait admirable, si l'on pouvait l'exploiter en société ; mais notre caractère aventureux et plein de caprices se prête difficilement à l'association. On part vingt ou trente, on jure de ne se pas quitter ; on fait les plus beaux projets du monde ; puis, arrivés aux placers, chacun émet un avis, s'y entête, tire de son côté, et la société est dissoute souvent même sans avoir eu un commencement d'exécution.

De là vient que, comme dans toutes les entreprises humaines, sur cinquante mineurs qui vont aux placers, cinq ou six, doués d'un caractère persévérant, font fortune ; les autres, plus inconstants, se dégoûtent et changent de canton ou reviennent à San-Francisco.

Puis, il faut faire la part de la mort, qui prend sa dîme.

Lorsqu'on part pour les mines, et j'ai d'autant plus le droit de donner ce conseil à ceux qui me succéderont, que je n'ai rien fait pour mon compte de ce que je dis qu'il faut faire, lorsqu'on part pour les mines, dis-je, il faut :

1° Se pourvoir de vivres, de munitions

et d'outils pour tout le temps que l'on compte y passer;

2° S'arrêter à un lieu, et s'y fixer irrévocablement du moment où ce lieu donne un produit;

3° S'y construire un bon abri, afin de ne pas être atteint par les rosées nocturnes et par les fraîcheurs du matin;

4° Ne pas travailler dans l'eau sous l'ardeur du soleil, c'est-à-dire de onze heures du matin à trois heures de l'après-midi;

5° Enfin, être sobre en liqueurs fortes et se soumettre à un régime régulier.

Quiconque s'éloignera de ces instructions, ou ne fera rien et se dégoûtera, ou tombera malade, et, selon toute probabilité, mourra.

Il y avait encore une autre chose dont j'étais convaincu, c'est qu'outre la recherche de l'or, il y a dix, vingt, cent moyens de faire fortune à San-Francisco, et que celui-là qui au premier abord a paru le plus simple et le plus facile est au contraire un des moins assurés.

Pendant mon séjour à San-Francisco, j'avais cru remarquer que la meilleure spéculation à faire, dans les petites spéculations bien entendu, dans celles qui par conséquent se trouveraient un jour ou l'autre à ma portée, c'était d'acheter du vin en gros aux bâtiments qui arrivent, et de revendre ce vin en détail.

Seulement je ne savais pas le métier ; il fallait l'apprendre.

J'ai dit qu'une fois le pied posé sur le sol de San-Francisco, tout le passé était oublié, et que le rang social occupé dans l'ancien monde devait s'évanouir comme une vapeur, propre, si elle continuait d'exister, à assombrir sans aucune utilité le ciel de l'avenir.

A mon retour à San-Francisco, la première chose que je vis sur le port, c'était le fils d'un pair de France qui s'était fait batelier. Je pouvais donc, moi à qui la révolution de 1830 n'avait enlevé aucune hérédité, je pouvais donc me faire garçon d'hôtel.

Tillier trouva une place qui rentrait dans notre spécialité : il se fit garçon boucher à cent piastres par mois. Moi, grâce à mon ami Gauthier, qui mangeait à l'hôtel Richelieu, j'entrai dans l'hôtel comme surveillant, à raison de cent vingt-cinq piastres par mois.

La table d'hôte était à deux piastres. Chaque convive avait une demi-bouteille de vin.

On voit que c'était juste le double de Paris ; il est vrai que c'était bien de moitié moins bon.

Je restai un mois à l'hôtel Richelieu ; pendant ce mois, je fis mon éducation en vins, alcools et liqueurs.

Puis, cette éducation faite, comme j'avais amassé pour ma part, dans la société Aluna, Tillier et Léon, quelque chose comme un millier de piastres, ce qui était parfaitement suffisant à la création de mon petit commerce, je sortis de l'hôtel Richelieu et me mis en quête d'un petit emplacement.

Je trouvai ce que je cherchais au coin de la rue Pacifique : c'était une cabane en bois, faisant cabaret par le bas, et, outre la salle commune, me donnant un petit cabinet où faire mes écritures, et deux chambres à coucher.

Je louai ce petit bouge quatre cents piastres par mois et me mis immédiatement à l'œuvre. On comprend que quand on possède un capital de mille piastres et qu'on paie quatre cents piastres de loyer par mois, on n'a pas de temps à perdre si l'on ne veut pas que le loyer mange le capital.

Comme je l'avais prévu, la spéculation était bonne; les Américains mangent et boivent du matin jusqu'au soir, quittant à chaque instant leur travail pour se rafraîchir et manger un morceau.

Puis venait la nuit; la nuit n'était pas le plus mauvais temps; là-bas, la police, quoique moins vieille, est plus intelligente que la police française, en ce point qu'elle permet aux cafetiers, aux marchands de vins et aux restaurateurs de rester ouverts toute la nuit : cela assainit la ville en la faisant vivre presque aussi complètement la nuit que le jour.

Le moyen de voler ou d'assassiner, quand de cinquante pas en cinquante pas il y a une porte ouverte et une maison éclairée.

Et cependant on assassinait encore, mais par rixe ou par vengeance.

C'étaient les maisons de jeu et de plaisir qui alimentaient la nuit.

J'étais près de la Polka et pas très loin de l'Eldorado.

Nous avions par conséquent les

joueurs ruinés et les joueurs enrichis, les deux faces du visage humain, le côté qui pleure, le côté qui rit.

C'était une véritable étude de philosophie pratique. Tel arrivait des mines, perdait pour cinquante mille francs de lingots dans sa soirée et venait retourner ses poches pour chercher s'il y restait assez de poudre d'or pour prendre un petit verre, et si la poudre d'or manquait, prenait le petit verre à crédit, en s'engageant à le payer à son prochain retour des mines.

C'était quelque chose de terrible que

l'intérieur de ces maisons de jeu où l'on jouait des lingots et où, quand le joueur avait gagné, on pesait l'enjeu dans des balances. Là tout se jouait, colliers, chaînes, montres. On estimait au hasard, et l'on prenait pour le prix de l'estimation.

Une nuit nous entendîmes crier au meurtre. Nous courûmes aux cris. C'était un Français que trois Mexicains venaient d'assassiner. Il avait reçu trois coups de couteaux, et la vie s'enfuit par les trois blessures, toutes trois mortelles.

Nous le transportions expirant à la maison. Il mourut en chemin : on le nommait Lacour.

Des trois assassins un seul fut pris et condamné à être pendu. C'était la deuxième ou troisième exécution seulement qui avait lieu, de sorte que tout le monde était assez friand encore de ce spectacle.

Malheureusement la place sur laquelle doit être dressée la potence, — potence qui restera en permanence, afin d'effrayer les assassins, — n'avait encore pu être livrée aux charpentiers ; on y creusait un puits artésien, tout le contraire d'une potence, un trou qui s'enfonce au lieu d'une solive qui pousse. En outre, ce puits était bien autrement urgent qu'un gibet. Il devait fournir de l'eau à toutes les fontaines de la ville, et nous l'avons déjà dit, c'est surtout l'eau qui manque à San-Francisco.

A défaut du gibet continental, il fallait donc se contenter d'une potence maritime. Une frégate américaine avait offert une de ses vergues, offre qui avait été acceptée avec reconnaissance par la justice de San-Francisco, expéditive cette fois, parce qu'au lieu de tomber sur un citoyen des Etats-Unis, elle était tombée par hasard sur un Mexicain.

L'exécution, pour que tout le monde pût en jouir à son aise, devait avoir lieu à onze heures du matin. Dès huit heures, la rue Pacifique, où est située la prison, était encombrée.

A dix heures et demie, parurent les policemen, reconnaissables à leurs bâtons blancs pendus à leurs boutonnières en signe de décoration.

Ils entrèrent dans la prison, dont la porte se referma sur eux, apportant au condamné, par son ouverture d'un instant, les rumeurs d'impatience de vingt mille spectateurs.

Enfin, la porte se rouvrit, et l'on vit paraître celui que l'on attendait. Il avait les mains libres, la tête nue; il portait le pantalon fendu, la petite veste mexicaine, et le puncho jeté sur l'épaule.

Il fut conduit au grand Warff; là, une barque était préparée; il y monta avec les policemen et les exécuteurs. Vingt-cinq ou trente barques partirent, en même temps que la sienne, chargées de curieux qui ne voulaient rien perdre du spectacle.

Tout le grand Warff et toute la plage étaient couverts de spectateurs.

J'étais de ceux qui restèrent à terre ; le courage m'avait manqué pour aller plus loin.

Arrivé bord à bord de la frégate, le condamné monta résolument à bord, et là se prépara lui-même à être pendu, aidant le bourreau à lui passer la corde au col et accommodant de son mieux son col à la corde.

En ce moment on lui jeta sur la tête un grand voile noir qui déroba entièrement son visage aux spectateurs.

Puis, à un signal donné, quatre matelots tirèrent la corde, et l'on vit le condamné quitter la terre et s'élever à l'extrémité de la grande vergue.

Pendant un instant, le corps s'agita

convulsivement, mais bientôt redevint immobile.

L'exécution était terminée.

On laissa le cadavre exposé aux yeux de tous une partie de la journée, puis le soir venu, on le détacha, on le descendit, on le mit dans une embarcation et on le transporta au cimetière du présidio.

XI

Incendie.

Nous avons dit qu'à défaut d'eau, il existait un magnifique corps de pompiers, mais nous avons dit encore que l'on creusait sur la place principale un magnifique puits artésien, destiné à donner de l'eau à toutes les fontaines de la ville. L'attente de cette eau mettait d'avance les pompiers en émoi; tous les jours ils faisaient l'exercice à sec, et on les voyait courir avec leurs pompes, leur casquette américaine, leur chemise de laine rouge et leur pantalon bleu, d'un bout à l'autre de la ville, ce qui, à tout moment, faisait croire que le feu était à San-Francisco.

J'avais toujours eu l'idée, dans ma jeunesse quelque peu dépensière, que le défaut d'un endroit sûr où serrer mon argent était la seule cause de ma prodigalité. Ne sachant où le déposer d'une manière certaine, je le laissais tout bonnement glisser dans la poche des autres; aussi mon premier soin, lorsque j'eus un établissement, fut-il de me procurer un coffre.

J'en trouvai un magnifique tout en fer, si lourd que je pouvais à peine le remuer. On me le fit cent cinquante piastres! Je l'eus pour cent et crus avoir fait un excellent marché.

Puis, je me disais qu'en cas d'incendie, un coffre tout en fer serait un creuset où je retrouverais mon or et mon argent en fusion ou en lingot, mais enfin où je le retrouverais.

J'établis donc mon coffre au pied de mon comptoir, et chaque soir j'y enfermai mon bénéfice du jour. Ce bénéfice en valait la peine ; tous frais faits, il montait en moyenne à cent francs, quelquefois à cent cinquante.

Je venais, grâce à ces bénéfices, d'acheter à très bon prix cinq ou six pièces de vin, quelques tonnes de liqueurs et d'eau-de-vie au capitaine du *Mazagran*, qui était en rade ; il me restait encore, en or monnayé et en poudre d'or, quelque chose comme quatre ou cinq mille francs dans mon coffre, quand tout à coup, le 15 septembre au matin, je fus réveillé par mes deux garçons, qui frappaient à ma porte et qui criaient : *Au feu!*

Je l'ai dit, c'est un cri terrible à San-Francisco, bâti tout en bois, que ce cri : au feu! surtout aujourd'hui que les rues de la ville, au lieu d'être abandonnées à leur sol naturel, poussière ou boue, sont pavées en bois et servent de conducteur à l'incendie, pour le faire passer d'un côté de la rue à l'autre.

A ce cri : au feu! il faut donc d'abord songer à se sauver soi-même.

Malgré cet axiôme, d'une vérité incontestable, je courus d'abord à ma malle, j'y donnai un tour de clef et la jetai par la fenêtre ; puis, je passai un pantalon, puis je voulus m'enfuir par l'escalier.

Il était déjà trop tard, il me restait le chemin qu'avait pris ma malle, et encore devais-je me dépêcher.

J'en pris mon parti, et je sautai par la fenêtre.

Le feu avait pris dans la cave de la maison voisine, qui était inhabitée ; comment, je ne le sus jamais. Une fois arrivé à ma cave, toute pleine de vin et d'alcool, ce ne fut plus qu'un vaste punch, que les efforts de tous les pompiers de San-Francisco furent impuissants à éteindre.

Quant au coffre, il ne fallait pas songer à le sauver; toute l'espérance était que lui sauverait son contenu.

L'incendie dura deux heures et demie et brûla trois cents maisons, tout le quartier des boulangers.

Par bonheur, mon boulanger à moi

demeurait au haut de la rue Pacifique ; le feu n'alla point jusqu'à lui. Il m'offrit un asile que j'acceptai.

Ce brave homme portait le nom de l'homme juste : il s'appelait Aristide.

Il me restait un dernier espoir : mon coffre.

J'attendis avec angoisse que les cendres fussent assez refroidies pour pouvoir commencer une fouille dans laquelle mes amis, Tillier, Mirandole, Gauthier, et mes deux garçons s'apprêtaient à me seconder. L'un ou l'autre de nous gardait le terrain, pour que de plus pressés ne fissent point ce que nous comptions faire; enfin, au bout de trois jours, on put mettre la pioche dans les décombres.

Je savais où était le coffre dans la salle commune, et, par conséquent, où il devait être dans la cave, puisque sa pesanteur me garantissait la virtualité de sa descente, et cependant nous creusâmes, nous fouillâmes, nous explorâmes sans trouver trace du coffre.

J'étais convaincu que mon pauvre coffre avait été volé.

Tout à coup je trouvai une espèce de stalactite de fer à peine grosse comme un œuf, pleine d'aspérités, reluisant des plus belles teintes dorées ou argentées.

Mon coffre avait fondu comme cire au milieu du foyer ardent, et c'était tout ce qui restait de mon coffre.

Je venais de retrouver l'airain de Corinthe.

J'avoue que je ne pouvais pas croire que d'une masse représentant deux pieds cubés de surface, il restât un résidu gros comme un œuf. J'avoue que je ne comprenais pas que d'un coffre pesant soixante livres, le seul et unique reliquat fût une stalactite de fer doré du poids de cinq ou six onces.

Il fallut bien comprendre, il fallut bien croire.

Il est vrai qu'un Anglais m'offrit cent piastres de ce morceau de fer : il voulait en faire cadeau au cabinet de minéralogie de Londres.

Je refusai de le donner.

J'avais pourtant grand besoin de cent piastres.

A part ce qui se trouvait dans ma malle, j'avais tout perdu ; heureusement dans ma malle se trouvaient quelques lingots d'or recueillis par moi dans notre exploitation des placers, et que je gardais pour rapporter en France et faire des cadeaux.

Ces lingots d'or furent immédiatement

convertis par moi en monnaie d'or et d'argent.

En vendant tout ce qui ne m'était pas strictement nécessaire, je me retrouvais avec trois ou quatre cent piastres.

C'était assez pour recommencer un commerce quelconque, mais je me lassais de lutter contre la mauvaise fortune.

Il me semblait qu'il y avait un parti pris de la part de la fatalité de ne point me laisser dépasser une certaine hauteur. Si j'eusse été dénué de toute ressource en France, peut-être eussé-je poursuivi, me fussé-je entêté, et la mauvaise fortune eût-elle été vaincue.

Mais j'avais laissé en France une famille et quelques ressources. Je résolus de laisser une place vacante aux nombreux concurrents qui se pressent chaque jour pleins d'espérance sur le port, et comme il manquait un lieutenant au capitaine d'Audy, patron du *Macagran*, je m'arrangeai avec lui pour remplir les fonctions de lieutenant à son bord pendant sa traversée de San-Francisco à Bordeaux, à Brest ou au Havre.

Le marché fut bientôt conclu. Je n'étais pas difficile sur les appointements.

Ce que je voulais surtout, c'était revenir en France sans diminuer par des frais de traversée le peu que j'avais.

Le départ était fixé aux premiers jours d'octobre ; il traîna jusqu'au 18.

Dès le 24 septembre je fus inscrit sur le rôle, et dès ce jour je pris mon service à bord. Ce service consistait à faire le lest en cailloux.

Le dimanche 17 octobre, nous descendîmes une dernière fois à terre : quelques Français m'attendaient à l'hôtel Richelieu pour me donner le dîner du départ.

Il me serait difficile de dire s'il fut plus triste ou plus gai que celui du Havre.

Au Havre nous étions soutenus par l'espérance, à San-Francisco nous étions abattus par le désappointement.

Le lendemain, 18 octobre, nous levâmes l'ancre, et le soir même, par une excellente brise de l'est, qui nous faisait filer huit et neuf nœuds, nous perdîmes la terre de vue.

CONCLUSION.

Maintenant, que dire de cette terre que je quittais presque avec autant d'empressement que j'en avais mis à la venir chercher?

La vérité.

Tant que la Californie n'a été connue que pour ses richesses réelles, c'est-à-dire pour son admirable climat, pour la fertilité de son sol, pour la richesse de sa végétation, pour la navigabilité de ses fleuves, la Californie a été inconnue ou méprisée.

Après la prise de Saint-Jean-d'Ulloa, le Mexique l'offre à la France, qui la refuse.

Après la prise de sa capitale, il la donne pour quinze millions de dollars aux Américains, qui ne l'achètent d'ailleurs que parce qu'ils craignent de la voir passer aux mains de l'Angleterre.

Un instant la Californie reste dans leurs mains ce qu'elle était, c'est-à-dire une portion du globe abandonnée de tous, excepté de quelques religieux obstinés, de quelques Indiens nomades et de quelques émigrants aventureux.

On sait comment ce grand cri, — ce cri le plus retentissant de tous, — fut jeté :

— De l'or !

D'abord, il fut écouté avec l'indifférence du doute. Les Américains, ces laborieux défricheurs, avaient déjà reconnu la véritable richesse du pays, c'est-à-dire la fertilité du sol. Quiconque avait semé et récolté une seule fois et avait pu établir la comparaison des semailles à la récolte, celui-là était sûr de sa fortune.

Qu'avait-il besoin de lever la tête de dessus sa charrue à ce cri : De l'or !

Il y eut plus : des échantillons de cet

or furent montrés. Ils venaient de la fourche américaine ; mais le capitaine Folson, celui à qui on les montrait, haussa les épaules en disant :

— C'est du mica.

Sur ces entrefaites, deux ou trois messagers, accompagnés d'une douzaine d'Indiens, arrivèrent du fort Sutter.

Ils étaient en quête d'ustensiles propres au lavage des sables. Ils avaient les poches pleines de poudre d'or et ils faisaient des récits merveilleux de cette découverte qui venait de changer le Sacramento en un nouveau Pactole.

Quelques habitants de la ville les suivirent dans l'intention de s'engager au service de M. Sutter, qui demandait des ouvriers. Mais huit jours après, ils étaient revenus, quêtant des ustensiles pour leur propre compte, et disant de ces mines des choses bien autrement merveilleuses encore que les premiers venus.

Alors ce fut comme un vertige qui prit les habitants de la ville, les ouvriers du port, les matelots des bâtiments.

Voici ce qu'écrivait, le 29 juillet, M. Colton, alcade de Sonoma :

« La fièvre des mines a fait irruption ici, comme partout ailleurs ; on ne trouve plus ni ouvriers ni cultivateurs, et la totalité des hommes de notre cité est partie pour la Sierra-Nevada.

« Toutes les bêches, les pioches, les casserolles, les écuelles de terre, les bouteilles, les fioles, les tabatières, les houes, les barils et même les alambics ont été mis en réquisition et ont quitté la ville avec eux. »

Vers la même époque, M. Larkin, consul américain, voyait l'émigration se présenter sous un caractère si grave, qu'il se croyait dans la nécessité de faire à M. Buchanam, secrétaire d'État, un rapport où on lisait ce passage :

« Tous les propriétaires, avocats, garde-magasins, mécaniciens et laboureurs, sont partis pour les mines avec leurs familles ; des ouvriers gagnant de cinq à huit dollars par jour ont quitté la ville.

« Le journal qu'on publiait ici a cessé

de paraître, faute de rédacteurs. Un grand nombre de volontaires du régiment de New-York ont déserté. Un bâtiment de l'État des îles Sandwich, actuellement à l'ancre, a perdu tout son monde.

« Si cela continue, la capitale et toutes les autres villes seront dépeuplées ; les baleiniers qui viendront mouiller dans la baie seront abandonnés de leurs équipages.

« Comment le colonel Mason s'y

prendra-t-il pour retenir son monde ? c'est ce que je ne saurais dire. »

Et, en effet, à une date de huit jours postérieure, le colonel Mason écrivait à son tour :

« Pendant quelques jours, le mal a été si menaçant, que j'ai dû craindre de voir la garnison de Monterey déserter en masse.

« Il faut le dire, la tentation est grande : peu de danger d'être repris et l'assurance d'un salaire énorme, double en un jour de la paie et de l'entretien du soldat pendant un mois.

« On ne peut avoir un domestique.

« Un ouvrier, de quelque profession que ce soit, ne travaille pas à moins de 80 fr. par jour, et parfois demande jusqu'à 100 et 110 francs. Que faire dans une situation pareille? Les prix des denrées alimentaires sont d'ailleurs si élevés et la main-d'œuvre si chère, que ceux-là seuls peuvent avoir un domestique qui gagnent cinq ou six cents francs par jour. »

Veut-on savoir ce que, de son côté, disait notre consul à Monterey, M. Mœsenhout?

« Jamais, disait-il, en aucun pays du monde il y eut, je crois, pareille agitation.

« Partout les femmes et les enfants sont laissés dans les fermes les plus isolées, car les Indiens eux-mêmes sont emmenés par leurs maîtres ou partent seuls pour aller chercher de l'or, et cette émigration augmente et s'étend continuellement. »

Les routes sont encombrées d'hommes, de chevaux et de voitures, mais les villes et les villages sont abandonnés.

Veut-on se faire une idée de cet abandon ?

Suivez sur la mer ce brick solitaire qui fait voile pour San-Francisco, et qui est commandé par le capitaine Péruvée Munraz.

Il vient d'Arica; il a reçu des commandes de San-Francisco avant que les mines fussent découvertes. Il vient comme d'habitude faire son commerce annuel d'échange, et il ignore tout.

Forcé par les vents contraires de relâcher à San-Diégo, il a demandé des nouvelles de la Californie. On lui a dit que tout y allait à merveille ; que la ville, qui deux ans auparavant comptait quinze à vingt maisons, en avait maintenant trois ou quatre cents, et qu'en arrivant sur le port, il y trouverait une vie et une agitation égales à celle que Télémaque rencontra en abordant Salente.

Il est parti sur ces bonnes nouvelles

et avec cette joyeuse espérance : non-seulement grâce à cette activité croissante, il va vendre son chargement, mais encore être assailli de commissions et d'offres.

Le temps était splendide ; le mont Diable resplendissait tout inondé de lumière, et le brick se dirigeait droit sur le mouillage à Jerba-Buéna.

Mais une chose semblait incompréhensible au capitaine Munraz.

C'est qu'il n'apercevait pas une barque

sur la mer, pas un homme sur le rivage.

Qu'était donc devenue cette activité dont on lui avait parlé, cet accroissement de la ville qui faisait retentir les environs du bruit des marteaux et du grincement de la scie ?

On eût dit qu'on entrait dans les domaines de la Belle au bois dormant ; seulement on ne voyait pas même les dormeurs.

Sans doute il y avait fête au puéblo

San-José. Le capitaine Munraz consulta son calendrier.

— Samedi 8 juillet.

Aucune fête.

Le capitaine Munraz continuait d'avancer, il croyait faire un rêve.

Ce n'était cependant ni une guerre, ni un incendie, ni une surprise d'Indiens qui causait ce silence et cette solitude mortels. La ville était là; ses maisons étaient bien entières et le port offrait à la vue de l'équipage étonné ses files de tonneaux rangées sur le port et ses marchandises de toute espèce empilées à la porte des magasins.

Le capitaine Munraz héla quelques bâtiments à l'ancre.

Les bâtiments étaient solitaires et silencieux comme le port et comme les maisons.

Tout à coup une idée terrible, mais la seule probable, se présenta à l'idée du capitaine Munraz.

C'est que la population de San-Francisco venait d'être détruite par un choléra, par une fièvre jaune, par un typhus, par une épidémie quelconque.

Aller plus loin eût été une grande imprudence. Le capitaine Munraz donna donc l'ordre de virer de bord.

Au moment où il passait près d'une petite goëlette mexicaine, il lui sembla voir s'agiter à son bord quelque chose qui ressemblait à une créature humaine.

On héla ce quelque chose.

Un vieux matelot mexicain, la tête enveloppée de bandes, se dressa sur ses genoux.

— Ohé de la goëlette ! cria le capitaine Munraz, que sont devenus les habitants de San-Francisco ?

— Eh ! répondit le vieux Mexicain, ils sont tous partis pour le pays de l'or.

— Et où est ce pays ? demanda en riant le capitaine Munraz.

— Sur les bords du Sacramento ; il y en a des montagnes, il y en a des vallées ; il n'y a qu'à se baisser et ramasser, et si je n'étais pas si malade, je ne serais pas ici, mais là-bas avec les autres (1).

Dix minutes après, le brick du capitaine Munraz était vide comme les autres bâtiments. Les matelots étaient descendus à terre et avaient pris leur course vers le Sacramento, et le pauvre capitaine, resté seul, jetait l'ancre et amarrait son bâtiment comme il pouvait près des autres bâtiments vides.

(1) Ferry.

Ainsi donc, à ce cri de l'or, tout le monde s'était rué vers les placers, ne voyant qu'un moyen de faire fortune, recueillir de l'or.

Et chacun fouillait effectivement la terre, aidé des instruments qu'il avait pu se procurer, soutenu par les ressources qu'il avait pu réunir, les uns avec des pioches, les autres avec des bêches, ceux-là avec des crocs, ceux-ci avec des pelles à feu.

Et il y en avait qui ne possédaient rien de tout cela et qui fouillaient la terre avec leurs mains.

Puis cette terre on la lavait dans des assiettes, dans des plats, dans des casseroll , dans des chapeaux de paille.

Et de tous côtés arrivaient des hommes à cheval, des familles en charrette, de pauvres diables à pied, qui venaient de faire cent milles toujours courant.

Et chacun, en voyant ces tas d'or vierge déjà recueillis, était pris de vertige, se précipitait à bas de son cheval ou de sa voiture, et se mettait immédiatement à fouiller la terre pour ne pas perdre un coin de cette terre si riche, une seconde de ce temps si précieux.

Et en effet les exemples étaient là.

MM. Neilly et Crowly, aidés de six hommes, avaient recueilli dix livres et demie d'or en six jours, pour quinze à seize mille francs à peu près.

M. Vaca, du Nouveau-Mexique, avait, aidé de quatre hommes, recueilli dix-sept livres d'or en une semaine.

M. Norris, aidé d'un seul Indien, avait, à un seul endroit, dans un seul ravin, recueilli en deux jours pour seize mille francs de poudre d'or.

Eh bien! cette espèce de folie alla croissant. Quiconque partit pour San-Francisco, partit avec l'intention de se faire mineur, de chercher, de fouiller, de recueillir de ses mains le précieux métal.

Eh bien! c'était de toutes les spéculations la moins sûre, la plus précaire, et celle qui sera le plus vite épuisée. Les grandes fortunes de San-Francisco ne se sont pas faites aux mines.

Les mines, c'est le but, c'est le prétexte; la Providence, dans ses vues d'avenir, avait besoin d'agglomérer un million d'hommes sur un point donné du globe : elle leur a donné l'or pour l'appât.

Plus tard elle leur donnera l'industrie pour récompense.

La véritable source des richesses en Californie, ce sera, dans l'avenir, l'agriculture et le commerce.

La recherche de l'or, comme tout métier manuel, nourrira son homme, et voilà tout.

Voilà pourquoi il y a tant de déception

parmi ceux qui vont à San-Francisco, tant de découragement chez ceux qui en reviennent.

C'est que San-Francisco, et par San-Francisco nous entendons la Nouvelle-Californie tout entière, sort à peine du chaos et est en train d'accomplir sa genèse. L'esprit du Seigneur flotte déjà sur les eaux, mais la lumière n'est pas encore faite.

FIN.

TABLE

DU DEUXIÈME VOLUME.

—

CHAP. I. Le feu à San-Francisco. 1
II. La Chasse 25
III. Notre première nuit de chasse dans les prairies 51
IV. Aluna. 79
V. Aluna (suite). 105
VI. Aluna (suite et fin). 141
VII. Le Sacramento. 169
VIII. La Chasse à l'ours. 259
IX. La Mariposa. 195
X. Je me fais garçon de restaurant pour faire mon apprentissage de marchand de vin. 227
XI. Incendie. 249
CONCLUSION. 267

SOUS PRESSE.

LE CHEVALIER D'ESTAGNOL, Par LE MARQUIS DE FOUDRAS.

LE NEUF DE PIQUE, Par Mme LA COMTESSE DASH.

LE SULTAN DU QUARTIER, Par MAXIMILIEN PERRIN.

MONT-REVÊCHE. ROMAN DE MOEURS. Par GEORGE SAND.

INGÉNUE, Par ALEXANDRE DUMAS.

LES OISEAUX DE NUIT, Par XAVIER DE MONTÉPIN.

GILBERT ET GILBERTE, Par EUGÈNE SUE.

AVENTURES DU CHEVALIER DE PAMPELONNE, Par A. DE GONDRECOURT.

FLEAR DE ROUGE, Par G. DE LA LANDELLE.

www.ingramcontent.com/pod-product-compliance
Lightning Source LLC
Chambersburg PA
CBHW071529160426
43196CB00010B/1716